MUSIC FOOTBALL CLUB

59, quai Alphonse Le Gallo
92100 Boulogne-Billancourt
www.hugopublishing.fr

Ouvrage dirigé par Clément Ronin
Graphisme de couverture : Christophe Petit
Photo de couverture : © Todd Gray
Blasons générés par IA Shutterstock

ISBN : 9782755675788 / 001
Dépôt légal : janvier 2025
Imprimé en Espagne par CPI Black Print en décembre 2024
sur papier provenant de forêts gérées de manière durable

MUSIC FOOTBALL CLUB

STÉPHANE BASSET

Hugo Sport

À mon père.

SOMMAIRE

Préface 11
Avant-propos 13

Champions du monde 17
Hymnes à la balle 25
Ces tubes devenus des hymnes 37
L'entrée des artistes 61
Chansons pour ma drôle d'équipe 69
Pendant que les chants brûlent 83
Les dieux du stade 91
J'aurais voulu être un artiste 129
J'aurais voulu être un footeux 165
French touche 189
Hors-jeu 197
Le coup de sifflet final 215

Remerciements 217

PREFACE

Comme disent les Anglo-Saxons, « Movement is life » ! Quel que soit le contexte, l'activité physique et cérébrale est source de vitalité. Pour ma part, depuis tout petit, j'ai souvent fait le lien entre l'univers artistique du monde de la musique et celui – sportif – du football. Comme nombre d'entre nous, ma plus grande inspiration a été Michael Jackson. Les mises en scène, les chorégraphies… Tout l'univers artistique était époustouflant !

Puis il y a eu un autre « mouvement musical » qui a marqué mon enfance : « Jump » de Van Halen. Nous regardions en famille les matchs du Championnat de France sur Canal +, et lorsque l'OM était à l'affiche, cette musique me transcendait déjà ! Malheureusement nous ne pouvions pas nous offrir l'abonnement à Canal +, la chaîne passait en crypté juste après « Jump » ! Le football était déjà si présent dans mon quotidien, mais j'ignorais qu'il allait me faire vivre de telles émotions et qu'il aurait cette place centrale dans ma vie.

Lorsque je suis devenu joueur professionnel, la musique m'a accompagné tout au long de ma carrière. Chaque moment a une coloration musicale. Lors de mes entraînements, les veilles de match, chacune de mes préparations se faisait en musique. La musique est au cœur de mon parcours de vie.

Finalement, ces deux univers, la musique et le football, sont étroitement liés. Que l'on soit artiste ou footballeur, l'objectif est de livrer une performance, une prestation. Il faut impressionner le public, lui servir un show. Et pour cela, il faut avoir travaillé dur, chaque jour, sans relâche. Il n'y a pas de grands champions sans une exigence de chaque instant, et je crois avoir toujours donné le maximum sur le terrain, que ce soit à Guingamp, Marseille, Chelsea… J'ai eu la chance d'évoluer dans des stades aux ambiances extraordinaires, et quitter le vestiaire pour se diriger vers la pelouse en entendant les supporters en transe, c'est un sentiment indescriptible que seuls les artistes ou les grands champions ont la chance de pouvoir ressentir. Pénétrer sur le terrain, tels des gladiateurs, dans un stade plein, se sentir galvanisé par cette atmosphère est l'une des meilleures choses qui me soient arrivées !

Un concert ou un match, c'est un moment de partage, de joie, de communion. En réalité, lorsque l'on joue au football, on doit avoir du rythme, on danse sur le terrain ! Ce sont le rythme du mouvement et sa finesse d'exécution qui rendent chaque joueur unique. Et ce mouvement, c'est nous, c'est la marque de fabrique de chaque identité, personnalité. Bref, le mouvement, c'est la vie. La plus belle chose au monde.

Didier Drogba

AVANT-PROPOS

Le football et la musique ont toujours occupé une place importante dans ma vie, comme un couple bienveillant qui accompagne chacune de mes journées. Pas une d'entre elles ne se passe sans que j'écoute un Pink Floyd, le dernier Billie Eilish ou un classique de la chanson française tout en feuilletant *L'Équipe*, ma bible quotidienne. J'y retrouve avec bonheur l'essentiel du football, et je dois bien reconnaître que les autres sports me font à peu près autant d'effet que Kezman auprès des supporters du PSG lors de son éphémère passage dans la capitale. Bien entendu, j'ai un club de cœur, ou ce qu'il en reste : les Girondins de Bordeaux. Comme l'a dit un jour Éric Cantona, qui a brièvement joué aux Girondins (douze matchs en 1989-1990), « tu peux changer de femme, de politique, de religion, mais tu ne peux pas changer de club préféré ».

Lorsque j'étais enfant, mon père, abonné, m'emmenait au stade Lescure voir les Girondins d'Aimé Jacquet, avec Marius Trésor, Patrick Battiston, Jean Tigana, Bernard Lacombe, et bien entendu Alain Giresse. Plus tard, je les rencontrerai et les côtoierai dans le cadre de mon métier, mais, du haut de mes douze ans, combien de fois, plus frêle que les gambettes d'un mini-poussin, leur ai-je tendu mon cahier de dédicaces à la sortie du stade ou au centre d'entraînement ! Ma passion du football est née en Marine et Blanc.

Les idoles de mon enfance se nomment Platini, Giresse, Maradona et un garçon de Liverpool, Kenny Dalglish.

Liverpool, la ville des Reds… et des Beatles.

Premier choc musical, j'ai huit ans, je fouine dans les disques de mes parents, tombe sur un 33 tours de ballades des Beatles, pose le saphir sur le vinyle… et la guitare de « Yesterday » entre dans ma vie. Rien ne sera plus jamais pareil. Depuis, la musique *soundtracke* mon quotidien de fan de foot.

En 1992, j'ai vingt ans et réalise un rêve de gosse : je deviens speaker des Girondins de Bordeaux. Mon père est toujours abonné et Zidane vient d'arriver au club. Le 19 mars 1996, les Marine et Blanc affrontent le grand AC Milan de Maldini, Weah, Desailly… Je suis debout au milieu de la pelouse à chauffer ce stade que j'ai toujours connu, trente-cinq mille personnes chantent avec moi à l'unisson – et avec mon prédécesseur au poste, Julien Courbet, venu m'épauler ce soir-là. À l'aller, la bande à Duga, Zizou et Liza s'est inclinée 2-0 à San Siro. Les carottes semblent donc (presque) cuites. Mais ce soir-là, les Girondins, portés par un public extatique, déjouent tous les pronostics et l'emportent 3-0. Une remontada spectaculaire, dont je ferai un documentaire en 2022 (*Remontadas*, à voir sur MyCanal).

Le football et la musique, deux passions XXL pour moi, et deux univers pas si éloignés l'un de l'autre, finalement. Cela dit, ce constat est bienvenu dans la mesure où vous tenez entre les mains un ouvrage qui va tenter sur plus de deux cents pages de vous le démontrer ! J'ai eu la chance d'accompagner des artistes en coulisses juste avant la scène, de Pascal Obispo à Elton John, de David Guetta à Oasis, j'étais là, *backstage*, quand la lumière s'éteint dans la salle et que l'artiste s'apprête à entrer en scène, c'est un moment tellement jubilatoire ! De la même façon, lorsque j'étais speaker à Bordeaux, je me plaçais toujours à la sortie du tunnel et j'annonçais l'entrée des joueurs postés tout près de Zizou et de ses potes, dans un vacarme de cris et d'applaudissements.

J'aurais aimé être un chanteur-footballeur, ou le contraire. Faire vibrer des stades entiers, galvaniser les foules, inventer des refrains ou des passements de jambes et ressentir cette joie insensée de marquer un but devant soixante-dix mille personnes qui n'ont d'yeux que pour vous ! Oui, j'aurais adoré. Bon, ça, c'est le projet sur papier. Dans la vraie vie, j'aurais sûrement évolué à Gueugnon ou Nœux-les-Mines, et mes chansons, je les aurais interprétées une fois par an sur un bout de trottoir pour la Fête de la musique. On verra dans une prochaine vie. En attendant, je reste le premier fan de ces artistes qui nous font rêver, sur la pelouse ou sur la scène… Pas étonnant d'ailleurs que footballeurs et artistes soient si souvent amis. Ils partagent le même goût du spectacle et sont de formidables vecteurs d'émotions. Le *prime* de leur carrière a d'ailleurs souvent la même durée, une quinzaine d'années dirons-nous, sauf pour Keith Richards, qui est immortel, comme le sont les grands champions du ballon rond, les Zidane, Pelé, Maradona, Bancarel, Messi (un intrus s'est glissé dans cette liste, sauras-tu le retrouver ?).

Peu importe le pays, la culture ou la langue maternelle, la musique et le football ne connaissent pas les frontières. Bienvenue au pays de l'universel.

Retrouvez la playlist des chansons évoquées dans ce livre en scannant le QR code ci-dessous ou en cherchant la playlist « Music Football Club – Stéphane Basset » sur Spotify.

CHAMPIONS DU MONDE

« I Will Survive »

12 juillet 1998. Les Bleus de Zidane s'installent sur le toit du monde après avoir atomisé le Brésil de Ronaldo en finale de la Coupe du monde *made in France*. « Et 1, et 2, et 3-0 », chante-t-on partout à peine le match terminé. Qui, le premier, a eu la riche idée d'entonner cette inoubliable ritournelle ? Ça, on ne le saura jamais... Mais très vite, en ce bel été 1998, un autre refrain va retentir dans tout l'Hexagone. Certes, les paroles fredonnées par les foules en délire restent assez sommaires : « La la la la la », mais ces « la la la » vont faire chanter la France black-blanc-beur tout au long de l'été. Cette chanson, c'est « I Will Survive ». Son histoire est singulière.

Retour en 1978, aux États-Unis. La chanteuse Gloria Gaynor, qui a connu trois ans plus tôt un joli succès populaire avec le titre « Never Can Say Goodbye », est au plus mal. Victime d'un récent accident de scène, elle est hospitalisée et souffre le martyre, mais rassurez-vous, elle survivra, comme dans sa chanson… Alors qu'elle se demande tout de même si elle va pouvoir remarcher un jour, elle apprend sur son lit d'hôpital que sa maison de disques a décidé de lui rendre son contrat. La voici mal en point, malade, et accessoirement au chômage et sans le sou. « Les emmerdes, ça vole toujours en escadrille », disait Chirac…

C'est alors que le compositeur américain Dino Fekaris, lui aussi au bout du rouleau depuis que le label Motown l'a remercié, contacte Gloria Gaynor et lui propose « I Will Survive », un titre que Fekaris vient d'écrire en pensant surtout… à lui et à sa drôle de (sur)vie. Gloria, qui baigne dans un océan de *lose*, se reconnaît dans les paroles de cet hymne à la résilience et décide de l'enregistrer. Étrangement, « I Will Survive » est d'abord la face B d'un 45 tours intitulé « Substitute », « Remplaçant », en français. La chanson remplaçante éclipse la titulaire, et « I Will Survive » devient un tube mondial. Reprise depuis par Diana Ross, Selena, Gladys Knight ou encore par le groupe CAKE dans une remarquable version rock que je vous recommande, « I Will Survive » – titre auquel personne, à part Gloria Gaynor, ne croyait – est devenue un classique du disco et l'une des chansons les plus reprises – ou massacrées, selon les cas – dans les karaokés.

Mais comment s'est-elle donc retrouvée dans le vestiaire des Bleus et en tête des charts vingt ans après sa sortie ?

Pour le savoir, direction Rotterdam au début des années quatre-vingt-dix. Alors que le grunge de Nirvana envahit les ondes et que Jean-Pierre Papin décroche le Ballon d'or, des étudiants néerlandais créent le groupe Hermes House Band et décident de reprendre « I Will Survive » en la pimpant d'une partie truffée de « la la la » qui va en faire une *cover* imparable, facile à mémoriser, et donc à chanter. À sa sortie aux Pays-Bas, en 1994, le « I Will Survive » revu et corrigé par Hermes House Band se classe numéro un des charts nationaux. Le Feyenoord Rotterdam en fait même l'hymne du club, et chaque but à domicile est célébré tout en « la la la ». Trois ans plus tard, cette même version devient l'hymne du Stade Français dirigé par Max Guazzini, grand fan de rugby et par ailleurs directeur de la radio NRJ, une radio qui va « comme par hasard » diffuser généreusement le titre préféré du patron.

C'est là qu'entre en scène Vincent Candela, adepte des troisièmes mi-temps chères aux rugbymen. Joueur de l'AS Rome depuis 1997, l'ex-Guingampais est appelé par Aimé Jacquet pour la Coupe du monde 1998. Barré par Bixente Lizarazu au poste d'arrière gauche mais toujours de bonne humeur, Vincent Candela est un chambreur, le genre de camarade qui fait du bien dans un vestiaire, comme pouvaient l'être Souleymane Diawara, Ribéry ou Kimpembe. Lors d'un toro d'avant-match, Candela se met à entonner le pas encore fameux « la la la » pour se moquer d'un partenaire qui vient de se faire humilier. Ça y est, le ver est dans le fruit. Après la victoire 3-0 lors du match d'ouverture de la Coupe du monde contre l'Afrique du Sud, tout le vestiaire reprend en chœur le refrain de Hermes House Band, et bientôt c'est tout un pays qui chante à l'unisson. Preuve que ce refrain est entré dans l'histoire : même la Garde républicaine va le jouer lors de la garden-party élyséenne, avec un Jacques Chirac plus en forme que jamais.

Vincent Candela a donc fait une jolie passe décisive à Gloria Gaynor, qui renaît de ses cendres. Reconnaissante, elle offre même à Candela un disque d'or. Le plus étonnant dans cette histoire, c'est peut-être ce qui a été le moins commenté, à savoir le texte de la chanson. Sans faire offense à Candela, il y a fort à parier qu'il n'a pas choisi cette chanson pour la pertinence de son texte, et pourtant, ce qui s'y raconte colle à merveille à ce que nos Bleus ont connu à l'orée de leur Coupe du monde 1998.

Les premiers mots de la chanson – « At first I was afraid, I was petrified » (« Au début j'avais peur, j'étais pétrifié ») –, c'est un peu ce que devaient ressentir tout au fond de leurs cœurs de footeux sensibles Zizou et sa bande, que la presse vilipendait sans retenue, mettant en doute leur capacité à réussir cette Coupe du monde française.

Plus loin dans la chanson, on entend : « Think I'd crumble, You think I'd lay down and die ? No, not I, I will survive » (« Tu pensais que je m'effondrerais, que je m'allongerais et mourrais ? Non, pas moi, je survivrai ! »). C'est exactement ce qu'il s'est produit pour la bande à Zizou ! Faisant fi des critiques et sous le feu des *haters* – et encore, X n'existait pas... –, ils ont fait preuve de résilience et de solidarité pour foncer jusqu'à l'historique victoire. Celle-ci a son hymne : à tout jamais, « I Will Survive » restera pour le peuple français la chanson d'un merveilleux été...

« Freed From Desire »

Vingt ans après la bande à ZZ, c'est la bande à DD qui va coudre une seconde étoile sur le maillot tricolore. Et un autre refrain surgi du passé, à l'instar du désormais légendaire « I Will Survive », va devenir la B.O. de cet événement et connaître une seconde naissance.

C'est curieusement deux ans avant le fameux 12 juillet 1998 que « Freed From Desire » atteint pour la première fois le sommet des charts français. Ce hit eurodance, on le doit à

Gala Rizzatto, prénommée ainsi en hommage à la femme de Salvador Dalí, Gala. Milanaise de vingt et un ans au moment de la sortie de cet imparable refrain, Gala Rizzatto, fille de musiciens, a quitté l'Italie pour New York, la ville de tous les possibles. Dans la Grosse Pomme, c'est… la grosse *lose* : Gala, qui veut devenir une star de la chanson, se contente d'un poste de choriste pour le groupe Punkcake. En gros, à New York, la jeune femme s'ennuie, les soirées de Gala sont loin… des soirées de gala. Lassée de ramer dans les grandes largeurs et désireuse de trouver un sens à sa vie, Gala s'envole pour l'Inde et c'est la révélation. Lors d'une réunion spirituelle avec des membres du mouvement Hare Krishna, Gala entend un mantra qui lui inspire la mélodie de « Freed From Desire »… Gala devient… galactique : plus de cinq millions de disques vendus !

Certes, on retient essentiellement de ce tube planétaire le fameux « na na na na na na na na na na na na » (ils y sont tous), mais le texte est heureusement bien plus profond. Il est ici question de lâcher-prise, de se libérer des biens matériels qui encombrent nos quotidiens : « My love has got no money, he's got his strong beliefs » (« Mon amour n'a pas d'argent, il a de fortes convictions »). C'est étrangement ce texte quasi anticapitaliste que Pogba, Mbappé *and co*, pas les moins anticapitalistes que l'on connaisse, vont choisir comme hymne de leur Coupe du monde. Après les « la la la » de 1998, voici les « na na na » de 2018 ! La chanson invite à abandonner nos inhibitions, à embrasser nos passions et à poursuivre nos rêves sans crainte ni hésitation. Là aussi, c'est exactement ce que les Bleus de DD ont fait ! Il convient ici de saluer la mémoire du producteur Henri Belolo, père des Village People, qui a eu le nez fin en signant Gala dès 1996. « Freed From Desire » est depuis devenue un classique des stades.

Pour la petite histoire, en 2016, à Wigan, Irlande du Nord, ce refrain célèbre l'ex-international nord-irlandais Will Grigg. « Freed From Desire » devient ainsi « Will Grigg's on fire ». Tout est parti d'une vidéo sur YouTube. Sean Kennedy, fan de Wigan et de l'un de ses joueurs phares, Will Grigg, décide de transformer « Freed From Desire » en hommage à son protégé. La vidéo fait un buzz national, à tel point que Kennedy se voit offrir un an d'abonnement à son club de cœur ! À noter enfin le très cruel mais tellement bien senti « Harry Maguire, your defence is terrifying » en lieu et place de « Freed from desire, mind and senses purified ».

« Ramenez la coupe à la maison »

Au même titre que « Freed From Desire », le tube de Vegedream restera dans l'histoire comme l'autre son marquant de la victoire des Bleus en 2018. Écrit et produit à la vitesse d'un déboulé de Kylian Mbappé, « Ramenez la coupe à la maison », c'est l'histoire de Satchela Evrard Djedje, alias Vegedream. Le jeune homme d'origine ivoirienne a déjà un petit nom dans le milieu du rap quand, le jour de la demi-finale contre la Belgique, lui vient l'idée de « Ramenez la coupe… » à la maison, chez lui donc. Il se dit qu'il tient là une mélodie et un concept pas totalement ridicule. « C'est une culture, chez moi, en Côte d'Ivoire. Quand t'aimes bien quelqu'un, tu chantes son nom, et en contrepartie, il donne de l'argent ou des cadeaux », explique Vegedream dans une interview à Brut. « Et moi, j'ai dit aux Bleus : “Mon cadeau à moi, c'est si vous gagnez seulement. Je fais un don et je cite tout le monde, j'oublie personne.” » Sympa, ce Vege.

Il tient son engagement et, après la finale remportée 4-2 face à la Croatie, il balance son morceau sur les réseaux. Un titre écrit à la hâte, donc, et – on ne va pas se mentir – ça s'entend un peu. Benjamin Mendy, qui n'a malheureusement pas ramené que la coupe à la maison lorsqu'il évoluait à City, est le premier responsable du succès de Vegedream. Sorte de Vincent Candela version 2018, c'est lui qui ambiance le vestiaire des Bleus après que Vegedream lui a envoyé son titre, juste après la finale.

Sur les réseaux sociaux, le buzz démarre, le titre devient viral, et Vegedream une star du jour au lendemain. Depuis, le jeune artiste a réussi à retrouver le sommet des charts avec « Elle est bonne sa mère ». Rien à voir avec Matthias Sammer, le Ballon d'or 1996. Puis, à l'occasion de la Coupe du monde au Qatar, Vegedream, toujours prompt à dégainer un titre pour ses frérots bleus, remercie les joueurs de l'équipe de France pour leur formidable épopée en postant juste après la finale une relecture de « La Coupe à la maison », mais sans la coupe. Il y célèbre les héros malheureux de la finale perdue contre l'Argentine. Vegedream n'a pas dit son dernier mot, et il y a fort à parier qu'on entendra parler de lui pour la prochaine Coupe du monde.

HYMNES A LA BALLE

Il y a des musiques indissociables de la pratique sportive. Écoutez l'intro de « Eye of the Tiger » de Survivor, et vous aurez illico envie d'envoyer des droites dans un sac de frappe, alors que celle des *Chariots de feu* vous donnera la force d'enfiler un survêtement et de filer à la salle de sport, histoire d'amortir votre abonnement et de découvrir avec stupéfaction qu'il y a déjà six mois que vous n'y avez pas mis les pieds. Quoi de plus normal, donc, que chaque événement sportif soit affublé de son hymne, de sa musique spécialement créée pour l'occasion.

C'est en 1896, dans le stade olympique d'Athènes, que le premier hymne de stade est joué, à l'occasion des Jeux olympiques. La musique en question est signée Spýros Samáras, compositeur grec. Son compatriote poète Kostís Palamás prête sa plume pour mettre des mots sur la musique, et ça donne un ensemble un peu pompeux, très Francis Lalanne dans l'esprit. « Esprit antique et éternel, créateur auguste/ De la beauté, de la grandeur et de la vérité/ Descends ici, parais, brille comme l'éclair/ Dans la gloire de la terre et de ton ciel. »

L'hymne va ensuite disparaître des cérémonies d'ouverture jusqu'aux Jeux d'hiver 1960. Depuis, cette musique accompagne le début de chaque nouvelle olympiade. Toute nation se définit par une identité sonore, un hymne. Et c'est important, un hymne… sauf pour la Fédération française de football qui, en 2019, commet une improbable boulette lors du match France-Albanie en diffusant l'hymne d'Andorre en lieu et place de l'hymne albanais « Himni i Flamurit ». Un moment assez cocasse. « J'Andooooore », aurait pu chanter Philippe Katerine avant que le DJ du Stade de France ne coupe le son.

Un hymne, c'est un marqueur fort pour une compétition, quand celui-ci est réussi… Ce n'est pas toujours le cas, mais ça existe. Citons – et c'est une étrangeté – la chanson officielle de la Coupe du monde 1978 composée par Ennio Morricone, ou celle de la Coupe du monde 1990 signée Giorgio Moroder. Ce n'est pas ce qu'il a fait de mieux, mais ça s'écoute.

Arrêtons-nous quelques lignes sur « World in Motion » de New Order, titre officiel de l'équipe d'Angleterre lors de la Coupe du monde 1990. Dans un Royaume-Uni en pleine folie Madchester, du nom de la ville où explose un nouveau courant musical emmené par Happy Mondays et The Stone Roses, ce sont les anciens, New Order, qui vont tirer leur épingle du jeu. Pourtant en pleine déliquescence, confronté aux *ego* XXL de Peter Hook et Bernard Sumner, New Order est choisi pour soutenir musicalement The Three Lions. Notons la participation à ce titre de Paul Gascoigne, Chris Waddle, Des Walker, Peter Beardsley et John Barnes, ce dernier prouvant par ailleurs que le flow, il ne l'a pas que sur le terrain : le gars rappe mieux que la moitié de nos rappeurs hexagonaux ! Pour la petite anecdote, le morceau devait s'appeler « E for England », à une époque où une drogue, l'ecstasy, faisait des ravages outre-Manche. Surnommée « E », l'ecstasy a accompagné le mouvement Madchester, mais, fort heureusement, la Football Association a feinté New Order, et le titre « World in Motion », plus approprié, a été préféré à « E for England », moins Coupe du monde compatible.

Les titres censés célébrer un événement ou une équipe nationale sont légion, mais bon nombre d'artistes s'y sont cassé les dents. De Pitbull à Nicky Jam en passant par Nelly Furtado, nombreuses sont les stars qui se sont essayées à cet exercice difficile, mais rares sont les titres qui sont restés des classiques une fois la compétition qu'ils célébraient terminée. Mais il y en a qui méritent que l'on s'y attarde…

« Waka Waka (This Time for Africa) »

Nous sommes en 2010, en Afrique du Sud, la Coupe du monde de la honte pour nous, les *Frenchies*, mais celle du carton plein pour Shakira, heureuse interprète de « Waka Waka (This Time for Africa) », un titre pas Gerard Piqué des hannetons. Shakira a déjà marqué les esprits quatre ans plus tôt avec « Hips Don't Lie », interprétée en ouverture de la finale de la Coupe du monde 2006, et c'est donc tout naturellement que la direction de la FIFA, amoureuse de la voix de la chanteuse colombienne (et en aucun cas désireuse de la voir se déhancher en mondovision une nouvelle fois), décide de lui confier l'hymne officiel de la Coupe du monde sud-africaine.

Mais l'affaire commence bien mal. Quand le titre est joué pour la première fois en public, les membres d'un groupe de musique militaire camerounais appelé Golden Sounds n'en croient pas leurs oreilles. Ce « Waka Waka » est très clairement inspiré du chant militaire « Zangaléwa » qu'ils ont créé en 1986.

Passe encore que Shakira maîtrise aussi mal l'afrikaans que Cyril Rool maîtrisait ses tacles, mais que la chanson soit un plagiat, ça non, se disent les musiciens camerounais ! « Waka Waka » reprend au mot près le refrain de Golden Sounds : « Zamina mina hé hé hé, Waka waka éé é, Zamina mina zaaangaléwa. » Compris ? Pour les Africains, ce chant célèbre symbolise la complainte poussée par les jeunes militaires qui ne goûtent que très peu la vie en caserne, « Zaaangaléwa » pouvant se traduire par « qui t'a obligé à entrer dans l'armée ».

Golden Sounds crie donc logiquement au scandale, mais la polémique est vite enterrée à coup de dollars, n'en doutons pas, puisque Sony Music, qui produit le « Waka Waka » de Shakira, annonce juste avant le début de la Coupe du monde qu'« un arrangement a été trouvé ». Sauf que la World Cup 2010 a débuté et que Golden Sounds ne voit toujours pas son compte en banque crédité. Déjà, le collectif camerounais a assez mal pris le fait de ne pas être invité à la cérémonie d'ouverture, d'autant que le syndicat d'artistes sud-africains a manifesté avec véhémence son mécontentement de voir bon nombre d'artistes non africains programmés pour le grand show qui ouvre la compétition. Les Golden Sounds estiment qu'on leur a un peu volé leur cérémonie, en plus de leur chanson, ce qui commence à faire beaucoup…

En fin de compte, « Waka Waka » est devenue un hit mondial. L'histoire ne dit pas si ce titre a été joué dans le bus des joueurs français à Knysna – j'en doute – car c'était plus une ambiance « Waco Waco » (en référence au suicide collectif des membres retranchés de la secte des « Davidiens ») que « Waka Waka », mais on sait en revanche que ce hit de Shakira a été diffusé de longs mois durant dans l'antre du Real Madrid, Santiago-Bernabéu, pour chauffer le public, jusqu'au jour où l'on a appris que Shakira filait le parfait amour avec le Barcelonais Gerard Piqué. Là, à Madrid, on a arrêté la Colombienne.

« La Copa de la Vida »

Autant 2010 reste pour le football français une année que l'on voudrait bien oublier, autant 1998, non, pas du tout. Ricky Martin a lui aussi beaucoup aimé France 1998. À la demande de la FIFA, Ricky, qui vient de vendre sept millions de son dernier album, travaille alors sur la chanson officielle de la Coupe du monde 1998 qui va se dérouler en France. C'est avec des pointures de la musique qu'il se met au boulot. Il convoque notamment Desmond Child, qui a composé, entre autres tubes, « I Was Made for Lovin' You » pour Kiss et « Livin' on a Prayer » pour Bon Jovi.

Le chanteur portoricain se sent alors investi d'une mission, à l'aube d'enregistrer ce titre et son nouvel album. Dans son autobiographie, il écrit : « Nous avons envisagé l'album dans le cadre d'une stratégie mondiale visant à promouvoir la musique latine dans le monde entier, et nous avons choisi et arrangé les chansons avec pour mission unique de faire danser et chanter le monde entier en espagnol. C'était une occasion exceptionnelle d'introduire les charmes de la musique latine au reste du monde. » Le fait est qu'il va parfaitement remplir la mission qu'il s'était fixée.

Le titre « La Copa de la Vida » se classe numéro un dans trente pays et devient ce qu'il est convenu d'appeler un *game changer* pour la musique latine dans le monde. Un an plus tard, Ricky Martin interprète « La Copa de la Vida » lors de la cérémonie des Grammy Awards et met le feu à la salle, qui consacre définitivement « Ricky la belle vie » comme star latino *numero uno*. Cette prestation est considérée comme l'un des tournants majeurs de l'histoire de la musique latine, qui représente aujourd'hui un marché de plus d'un milliard d'euros ! Voilà, c'était le moment BFM Business de cet ouvrage, et tout cela grâce à Ricky, qui n'a, disons-le à toutes fins utiles, aucun lien avec Jacques. Aujourd'hui âgé de cinquante-trois ans, Ricky Martin a vendu à ce jour près de quatre-vingt-dix millions d'albums.

« Allez les Bleus »

De Johnny à Dalida en passant par Carlos, les artistes français ont, depuis 1978, célébré les Bleus avec des refrains qui donnent, pour la plupart, des envies de meurtre. L'équipe de 1978 est la première de l'histoire du foot français à recevoir un soutien du monde artistique. Monty, qui a déjà fait chanter la France deux ans plus tôt avec « Allez les Verts », nous y reviendrons, publie « Allez les Bleus ». Il se creuse drôlement la tête concernant les titres de ses chansons… Sur la pochette de ce 45 tours collector, le onze type du moment : Baratelli, Janvion, Trésor, Lopez, Bathenay, Bossis, Synaeghel, Gallice, Platini, Lacombe, Six.

Le texte semble écrit par un enfant de huit ans. Dominique Rocheteau le trouve d'ailleurs « pas terrible ». Il ne va pas vraiment porter bonheur aux Bleus en Argentine. Des Tricolores qui joueront du reste pour la seule fois de leur histoire en… vert. Après deux défaites lors du premier tour, les Bleus, éliminés, jouent pour du beurre leur troisième match contre la Hongrie à Mar del Plata, le 10 juin 1978. Les Bleus pensaient jouer en blanc, mais les Hongrois avaient déjà choisi cette couleur. Le jeu de maillots bleus étant resté au QG de l'équipe de France, à Buenos Aires, à quatre cents kilomètres de là, il faut trouver une solution. Les Français empruntent donc un jeu de maillots à l'équipe du Club Atlético Kimberley, l'équipe des pêcheurs de Mar del Plata. Les Bleus en vert l'emportent 3-1, et l'intendant de l'équipe de France, fautif sur ce coup-là, donne au lendemain de la rencontre une entrevue plus drôle encore que le texte de Monty : « C'est un regrettable incident, dont je suis l'unique responsable. Au moins, on ne pourra pas me pénaliser en amputant une partie de mon salaire, puisque je suis bénévole… »

Quatre ans plus tard, les stars de la chanson et de la télévision se bousculent pour encourager les Bleus de Platini qui s'apprêtent à s'envoler pour la Coupe du monde en Espagne. Plusieurs titres sortent au même moment. Évacuons le carnage sonore de l'ex-acolyte de Collaro, Jean Roucas, qui publie « À qui la koukoupe ? » en imitant – mal – dans chaque couplet des stars de la variété : Charles Aznavour, Johnny et Dalida…

D'ailleurs, Dalida, elle aussi, a souhaité soutenir les Bleus en 1982. Vingt ans plus tôt, elle avait déjà célébré le ballon rond avec « La Partie de football », une reprise d'un tube italien de Rita Pavone, « La partita di pallone », un titre à (re)découvrir. Alors, pour la Coupe du monde 1982, Dalida met le paquet. Avec son frère, Orlando, elle signe « La Chanson du Mundial » et s'investit totalement dans son rôle non officiel de mascotte de l'équipe de France. « Quand s'allumeront les lumières sur le stade de Madrid/ C'est Marianne qui sera fière de chanter Rouget de Lisle/ Et dans cette immense arène sans taureaux ni corridas/ Que notre amour vous soutienne et vous porte à bout de bras. »

Marianne, Rouget de Lisle… Il y a plus de références historiques dans ce seul couplet que dans l'ensemble des chansons à la gloire des Bleus ! Pourtant, la Fédération française de football ne va pas jeter son dévolu sur « la Callas des variétés », comme on la surnomme alors. C'est Denise Fabre, la speakerine star du moment, qui obtient le label FFF – pas le groupe, la fédération – avec un titre digne d'un jeu de mots à la Laurent Ruquier : « Ollé la France ». « Allez la France, c'est ton jour de chance », voilà les premières paroles de cette purge tricolore. À la limite, la moins pire des propositions est à mettre au crédit du producteur Paul Lederman, qui met en vente le 45 tours « Victoria Victoria » interprété par un chœur masculin qui, à la différence de Denise, chante juste. Les Bleus, on le sait, quittent la compétition après le « bourbier » de Séville.

Pour l'Euro 1984, nous aurions pu espérer qu'un talent digne de ce nom daigne s'emparer de l'hymne des Bleus, surtout pour un Euro joué à domicile. Il n'en sera rien : le producteur Claude Carrère s'empare de l'affaire et laisse à Bob Mehdi, qui plus tard écrira « Mademoiselle chante le blues » pour Patricia Kaas, le soin d'élaborer un hymne qui, là encore, tombera dans l'oubli. Dommage que ce bon Bob n'ait pas pensé à sortir « Mademoiselle chante les Bleus », ça aurait été rigolo à défaut d'être qualitatif…

1986, troisième Coupe du monde consécutive pour les Bleus et troisième hymne totalement foireux. La mode est au collectif, il y a eu USA for Africa puis Chanteurs sans frontières pour venir en aide à l'Éthiopie. Alors, pour soutenir les Bleus, ils s'y sont mis à plusieurs, les bougres ! Les Galactiques de la chanson française se sont réunis en studio pour enregistrer « Viva les Bleus ». Un onze de rêve, composé de Patrick Sébastien, Carlos, Sim, Claude Lemesle, Michel Boujenah, Marcel Amont, Didier Barbelivien, Sacha Distel, Philippe Lavil, Herbert Léonard et Enrico Macias. « En terre aztèque, ils vont jouer comme des dieux », promet la chanson. Peut-être pas un chef-d'œuvre, mais il s'en vend cent mille exemplaires, ce qui est tout de même une jolie réussite.

Le début des années quatre-vingt-dix est un calvaire pour le football français, aucun artiste ne va défendre les Bleus en Coupe du monde, et pour cause : ils ne sont qualifiés ni en 1990 ni en 1994. Il faut donc attendre 1998 pour avoir, enfin, le bonheur de découvrir un nouvel hymne bleu. La chanson officielle de la bande à Aimé Jacquet – gageons que tout le monde l'a oubliée – est interprétée par Carlos. L'homme du « Papayou » et de « Tirelipimpon sur le Chihuahua » ne va pas faire dans la dentelle avec « Allez la France, allez les Bleus », sur lequel il n'est pas nécessaire de s'attarder. Les Bleus y ont survécu, nous aussi… Il faut également noter – et c'est plus honorable, avec tout le respect qu'il convient d'avoir pour Carlos – la chanson du duo Axelle Red et Youssou N'Dour, qui signent « La Cour des grands », l'hymne officiel de la Coupe du monde *made in France*. Et dans un monde où tout ce qui est prévu doit se passer, c'est cette chanson que nous aurions dû chanter dès le 12 juillet au soir, mais « I Will Survive » est passée par là…

Les Bleus sont dorénavant champions du monde et méritent d'être soutenus par les meilleurs pour les encourager en musique. En 2002, c'est tout naturellement que le Patron est choisi pour la Coupe du monde au Japon : Johnny Hallyday sera la voix de la France. On n'a pas oublié sa terrible méprise dans le journal de Claire Chazal, où il confond Zazie et Zizou, mais bon, c'est Johnny, ça passe. Tout passe avec Johnny, même sa chanson « Tous ensemble », pas la meilleure qu'il ait enregistrée, disons-le tout net. On doit ce titre à Catherine Lara.

Voici son histoire.

DOMINIQUE GAU

En 2002, Dominique Gau est directeur artistique chez Warner. Il se souvient de l'aventure « Tous ensemble ».

« Comment est née cette chanson ?

Catherine Lara est venue nous voir avec ce projet, elle a réussi à emmener TF1 et Johnny dans l'aventure, ce qui n'est pas une mince affaire. Très vite, on a fait écouter la chanson à Johnny, et il a dit oui sans hésitation. Dans mon souvenir, ça s'est fait très simplement, et puis les Bleus étaient champions du monde en titre et avaient remporté l'Euro deux ans avant, ils marchaient sur l'eau ! Je ne suis pas persuadé que Johnny était un grand fan de football, mais il a évidemment donné son maximum.

En studio, ça s'est passé comment ?

L'enregistrement a eu lieu au studio Omega à Suresnes. Dans sa globalité, il a duré huit jours, mais Johnny, lui, est venu une journée pour faire ses voix, il a chanté le titre trois ou quatre fois, une fois pour régler le son, une autre pour s'échauffer, et puis la prise finale.

À quel joueur de football on pourrait comparer Johnny ?

Ah ah, quelle question étonnante ! Je dirais Desailly : un roc ! D'ailleurs, puisqu'on parle de Marcel Desailly, il faut savoir que ce single "Tous ensemble" faisait partie d'un projet plus global qui s'appelait *La Sélection des Bleus*, un double album qui proposait à chaque joueur de l'équipe de France 2002 de choisir sa chanson préférée du moment, la sélection de la sélection en quelque sorte. Tout d'abord, on est allés à Clairefontaine avec le regretté Yan-Philippe Blanc qui était le patron de Warner. On a dû rencontrer les "patrons" des joueurs de l'époque – Desailly, Boghossian et Zidane – pour leur parler de notre projet.

Zidane en représentant des joueurs, ça donne quoi ?

Il ne parlait pas beaucoup, mais c'était le patron, sans aucun doute ! "Zizou", Desailly et Boghossian ont ensuite parlé aux autres joueurs, qui ont validé le concept, et on a dû revenir plus tard à Clairefontaine pour rencontrer chacun en entretien individuel d'une certaine façon. On leur a demandé quelle chanson il choisissait, je me souviens de Desailly qui a choisi "Music" de Madonna, Zidane IAM et "Je danse le Mia", Fabien Barthez a choisi son ami Pascal Obispo et "Millésime".

Malheureusement, l'album n'a pas eu le succès escompté...

Le single "Tous ensemble" qui portait l'album a été un énorme carton ! Mais comme les Bleus se sont fait éliminer dès le premier tour, on n'a vendu que cent mille CD, ce qui, pour l'époque, était effectivement décevant.

"Tous ensemble" a été beaucoup moquée. Si les Bleus avaient gagné, on l'écouterait différemment, encore aujourd'hui ?

Je crois que la prestation de Johnny au JT de Claire Chazal n'a pas aidé et, bien entendu, comme l'équipe de France s'est fait sortir très vite, ça rend les choses plus difficiles, ce qui n'a pas empêché le CD deux titres de "Tous ensemble" de se vendre à plus de cinq cent mille exemplaires !

C'est la chanson pour l'équipe de France qui a le mieux fonctionné, c'est sûr ! L'expérience de cet album-concept, *La Sélection des Bleus*, n'a jamais été renouvelée avec les Tricolores ?

Non, ce disque reste un objet collector. C'était quand même une sacrée organisation et, finalement, un super souvenir ! »

Aujourd'hui, nos Bleus, comme les jeunes gens de leur génération biberonnés au rap, préfèrent Jul et Booba à Julien Doré et Juliette Armanet. Il semblerait donc logique que le prochain hymne de l'équipe de France pour une grande compétition soit interprété par un artiste de la scène urbaine. Ce n'est pas gagné, et la dernière incursion d'un rappeur dans ce genre d'événement s'est soldée par un mini-scandale d'État. En 2021, Youssoupha est choisi par la Fédération française de football pour écrire un *track* célébrant l'annonce de la liste des vingt-six joueurs sélectionnés par « Dédé » pour l'Euro à venir. Mais le choix de Youssoupha pose problème à certains. On exhume des vieux textes plutôt vindicatifs du rappeur, l'affaire devient politique, et « Écris mon nom en bleu », la chanson originale créée dans un esprit de fête, est vite enterrée. Disons que la classe politique de droite a autant d'amour pour ce titre que Kurt Zouma en a pour son chat, ça vous donne le niveau de *love* entre eux. Mais le rap et l'équipe de France finiront bien par se trouver, un jour ou l'autre. Le Marseillais Jul a même déclaré que si la FFF lui demandait de signer un hymne pour les Bleus, il répondrait présent. Reste à savoir si le J fera mieux que le C, comprenez Carlos…

CES TUBES DEVENUS DES HYMNES

Les supporters ne sont pas que les immondes bœufs avinés de bière et nourris à la violence que l'on décrit parfois. Certains, les meilleurs, peuvent faire preuve d'une imagination débordante dès lors qu'il s'agit de faire chanter les leurs. Il leur arrive de revisiter avec talent des standards de la musique – classiques, rock ou disco –, avec comme but premier la célébration d'une équipe, d'un club, d'un joueur. Capables de (re)composer des mélodies, experts en *punchlines* que Booba ne renierait pas, les supporters ont sans aucun doute l'oreille musicale.

« Yellow Submarine »

À tout seigneur, tout honneur, commençons ce tour de chant(s) par les plus grands : The Beatles. Leur classique « Yellow Submarine » est devenu la chanson fétiche du club espagnol de Villarreal, dont la petite ville industrielle est située à une heure de route de Valence. Soyons clairs, il n'y a pas plus de sous-marin (jaune) à Villarreal que de coupes dans l'armoire à trophées de Dimitri Payet !

Si Villarreal joue aujourd'hui encore en maillot jaune, c'est le fruit d'un concours de circonstances : en 1947, à l'aube de la nouvelle saison, le fils du président est envoyé comme chaque année à Valence pour acheter de nouveaux jeux de maillots. Mais ce matin-là, le magasin habituel n'a plus les maillots blancs traditionnellement portés par les joueurs du club. Il ne lui reste qu'une seule couleur disponible : le jaune. « Va pour le jaune ! » se dit le fils du président.

Vingt ans plus tard, Villarreal évolue en troisième division pendant que les Beatles passent en boucle sur toutes les radios avec leur nouveau tube, « Yellow Submarine », ce qui inspire un groupe de supporters qui se met à entonner sur l'air des Beatles « Amarillo es el Villarreal, amarillo es » (« Villarreal est jaune, ils sont en jaune »). La chanson est restée, les maillots aussi, mais Villarreal a tout de même dû attendre la fin du siècle dernier pour goûter aux joies de la Liga et faire résonner ce chant sur tous les terrains de l'élite espagnole. Pour l'anecdote, notons qu'en 2016, lorsque Villarreal affronta Liverpool en Europa League, les joueurs du club espagnol ont même eu droit à leur visite privée du Cavern Club de Liverpool, le bar où les Beatles ont joué pour la toute première fois (coucou Jeanne Mas !).

Puisque nous sommes à Liverpool, restons-y !

« You'll Never Walk Alone »

« You'll Never Walk Alone », c'est l'hymne de stade par excellence, la chanson qui a contribué à faire de Liverpool un club pas comme les autres, dans un antre unique, Anfield. En 1892, le propriétaire du stade d'Anfield, John Houlding, demande à ses locataires, l'Everton FC, de lui régler une somme bien plus importante que prévu pour la saison à venir, ce que les responsables d'Everton refusent. Ils quittent donc Anfield fâchés, et John Houlding, désireux de ne pas laisser son terrain d'Anfield en jachère, crée le Liverpool FC. Il devient même maire de la ville en 1897.

C'est seulement soixante-huit ans plus tard que « You'll Never Walk Alone » va résonner dans les tribunes d'Anfield lorsqu'un groupe local, Gerry and the Pacemakers, reprend ce titre issu d'un spectacle donné à Broadway à la fin de la Seconde Guerre mondiale, *Carousel*. Devenue un tube, « You'll Never Walk Alone » a même été chantée par Elvis Presley, Frank Sinatra, Aretha Franklin, Lana Del Rey et… Dick Rivers. Plus fort encore, cet hymne à la résilience, devenu la devise du club, est carrément gravé sur son écusson.

« Les Corons »

En France, nous avons notre « You'll Never Walk Alone » à nous : « Les Corons ». 19 février 2005 : à la mi-temps d'un Lens-Nantes, pour célébrer le chanteur Pierre Bachelet décédé quelques jours plus tôt, sa chanson « Les Corons » est diffusée dans tout le stade Bollaert. Spontanément, le public reprend en chœur ce refrain qui fait référence au passé minier de la ville. « Au Nord, c'étaient les corons/ La terre, c'était le charbon/ Le ciel, c'était l'horizon/ Les hommes, des mineurs de fond. »

Ce soir-là, un moment de pure magie collective envahit Bollaert, on croirait presque que tout le stade a gobé de la MDMA tellement l'atmosphère est emplie de *love* ! C'est l'incroyable pouvoir des foules, et l'incroyable pouvoir des chansons. « Les Corons » parle à tout un peuple.

Les corons, ce sont ces habitations ouvrières construites pendant la révolution industrielle. C'est dans ces quartiers que les familles modestes de mineurs de fond s'entassent. Célébrés de *Germinal* à *Bienvenue chez les Ch'tis* en passant par ce classique de Pierre Bachelet, les corons font partie du patrimoine des gens du Nord. Pourtant, la chanson « Les Corons » a failli ne jamais voir le jour. Un texte et une mélodie trop tristes pour en faire un succès, selon les gens de la maison de disques et selon Patrick Sébastien, qui, à l'époque, engage Pierre Bachelet pour la première partie de sa tournée. « T'es un grand malade. Tu ne vas pas leur faire chanter les mineurs en plein été ! » dit Patoche à Pierrot. « La tristesse des corons... Je n'y croyais pas un instant, à cette chanson[1] », reconnaît aujourd'hui l'auteur du « Petit Bonhomme en mousse ». Il a eu tort : au cours de l'été 1982, la chanson passe sur toutes les radios et, dans les campings, on danse collé-serré sur ce titre qui parle des conditions de vie des mineurs de fond dans la grisaille du Nord, c'est vrai que l'on a connu plus sexy comme slow ! Le 45 tours s'est écoulé à un million deux cent mille exemplaires. Bachelet devient illico une vedette de la chanson.

Il est bon de rappeler que cet artiste savait aussi s'amuser et faire tourner les serviettes, puisqu'on lui doit la musique des *Bronzés font du ski* ou encore d'*Emmanuelle*. On est loin des « Corons », qui reste néanmoins son succès le plus connu. Les supporters du RC Lens y sont clairement pour quelque

1. *Le Monde*, 2 août 2005.

chose. Depuis 2005 et son décès, juste avant le début de chaque seconde période, le public entonne le désormais mythique refrain de Pierre Bachelet, qui est né à… Paris.

« We Are the Champions » – « We Will Rock You »

En 1977, dans un Londres où la musique disco fait des ravages, Farrokh Bulsara, plus connu sous le nom de Freddie Mercury, compose un air entré depuis dans la légende : « We Are the Champions ». « Je pensais au football quand j'ai écrit cette chanson. Je voulais un titre qui fasse se lever les foules, quelque chose que les fans pourraient reprendre en chœur », confiait le chanteur quand on lui demandait pourquoi il avait écrit ce texte. « We are the champions/ No time for losers/ 'Cause we are the champions/ Of the world. »

Mission accomplie pour Freddie et ses potes de Queen. Le titre fait aujourd'hui partie des classiques des stades, et pas que… En 2005, le pilote de Formule 1 Fernando Alonso l'a chanté après sa victoire au Grand Prix de Chine, célébrant ainsi le travail de son écurie tout entière. La team Alonso a carrément enregistré sa version de « We Are the Champions » jouée par le moteur de la F1 d'Alonso ! Le résultat est étonnant et visible sur YouTube.

Plus surprenant encore, ce titre est sorti en 45 tours avec un autre immense tube de stade sur la face B : « We Will Rock You ». Écrit par le guitariste de Queen, le très chevelu Brian May, il est aujourd'hui aux États-Unis le *track* le plus joué lors d'événements sportifs. May a eu l'idée de « We Will Rock You » après un concert de Queen. Alors que le groupe quitte la scène, il entend depuis les coulisses le public chanter « You'll Never Walk Alone ». Marqué par ce moment, à peine entré dans sa chambre d'hôtel, il se dit qu'il faut qu'il écrive lui aussi une chanson que le public pourra chanter tout seul. « J'ai pensé : "Que peuvent-ils faire dans la fosse ? Taper des mains, des pieds, et chanter." Voilà comment m'est venue l'idée de "We Will Rock You". » « Buddy, you're a boy, make a big noise/ Playing in the street, gonna be a big man someday/ You got mud on your face, you big disgrace/ Kicking your can all over the place, singin'. »

Les paroles, signées Freddie Mercury, racontent en trois couplets les trois étapes de la vie. L'enfance, l'âge adulte et la vieillesse. Paradoxalement, alors que cette chanson semble célébrer la force, la virilité et l'invincibilité, Mercury a surtout voulu souligner le fait que nous nous pensons capables de tout faire basculer alors qu'en réalité nous n'avons qu'un pouvoir limité. Un peu comme Domenech avec les Bleus de 2006, en somme ! « We Will Rock You » reste un classique rock imparable. Mieux : une étude menée par des chercheurs suisses[2] et publiée dans une revue médicale britannique nous apprend que « We Will Rock You » pourrait bien aider les diabétiques à produire de l'insuline ! Ces chercheurs ont mis en place une méthode pour stimuler la production d'insuline par les cellules de l'organisme grâce à la musique, et la chanson « We Will Rock You » est celle avec laquelle l'expérience a le mieux fonctionné. La musique ne fait donc pas qu'adoucir les mœurs, elle vous redonne la santé !

« Seven Nation Army »

Sept notes de légende : voilà comment résumer le « Seven Nation Army » des White Stripes et son fameux « po po po po po poooo po ». C'est en Italie qu'on a chanté pour la première fois « Seven Nation Army » en chœur et en tribunes. C'était

2. www.thelancet.com/pdfs/journals/landia/PIIS2213-8587(23)00153-5.pdf

en 2006, et ce n'est pourtant pas aux tifosis, mais aux supporters belges du FC Bruges, que l'on doit cette trouvaille rock'n'roll lors d'une rencontre de Ligue des champions contre l'AC Milan. Avant d'entrer dans l'enceinte de San Siro, la centaine de supporters belges présents à Milan a enchaîné les bières dans un pub près du stade, où la chanson « Seven Nation Army » a été diffusée par un DJ fort inspiré. Dans la joie et l'allégresse, ces supporters, plus gais qu'un joueur du Loto venant d'apprendre qu'il a tous les bons numéros, ont donc tout naturellement repris en chœur le riff ravageur de Jack White, avant de l'emmener à San Siro avec eux, pas peu fiers de leur nouveau chant de ralliement. Ce soir-là, Bruges accomplit l'exploit en battant l'AC Milan 1-0.

Trois ans plus tard, toujours en Champions League, Bruges reçoit la Roma. Le club italien s'impose 2-1 en Belgique et les supporters italiens repartent en prime avec ce chant qu'ils découvrent dans l'enceinte du stade belge. Les supporters de la Roma s'approprient à leur tour cette ritournelle ensuite adoptée, en 2006, par la Squadra Azzurra pendant la Coupe du monde. Jack White, lui, est ravi de voir sa chanson scandée dans tous les stades de la planète : « Je suis honoré que les Italiens aient adopté cette chanson comme la leur. Rien n'est plus beau en musique que lorsque les gens embrassent une mélodie et lui permettent d'entrer dans le panthéon de la musique folklorique. » Bien dit, Jacques Blanc.

The White Stripes, Queen, The Beatles... Les supporters aiment reprendre des classiques du rock, ce qui n'est pas pour déplaire à Louis Bertignac, l'ex-guitariste de Téléphone.

LOUIS BERTIGNAC

« Le foot et toi, ça a commencé quand ?

J'avais dix ans et mon père m'emmenait au Parc des Princes. J'étais plus fan de sport collectif qu'individuel…

Déjà l'esprit de groupe !

Ah ah, oui, sûrement, et franchement, les règles du foot étaient surtout assez simples à comprendre ! J'étais très heureux de partager ces moments avec mon père, j'adorais passer du temps avec lui, ça a nourri notre lien père-fils. Partir tous les deux au stade, ça me plaisait énormément.

Dans la chambre du petit Louis, il y avait qui en poster au mur ?

Que des musiciens, pas de footballeurs ! Il y avait la pochette de *Let It Bleed* des Stones, les Who si je me souviens bien… J'avais quand même mes idoles dans le football. Étonnamment, le premier que j'ai admiré, c'était Skoblar, un Marseillais.

Avec Téléphone, vous partagiez une passion foot ?

Pas du tout, les autres s'en moquaient ! Mais dans l'entourage du groupe, j'avais un pote qu'on surnommait « Moulinot », et il m'a présenté des footballeurs comme Rocheteau, qui adorait la musique. Il avait une belle tignasse de rocker ! Je suis allé chez lui une fois, c'était un lendemain de match de l'équipe de France, il était en short et il avait du mal à marcher. C'est une image qui m'a marqué. Moi qui hésitais gamin à faire du foot mon métier, je me suis dit que j'avais bien fait de faire musicien, c'est plus simple !

Pourtant, la scène, c'est super physique aussi, non ?

Oui, mais tu n'as pas besoin de gros muscles pour faire ça !

Quelle est ta plus grande émotion en tant que fan de foot ?

Ça aurait dû être la finale 1998, mais j'étais sur scène ce soir-là, j'ai joué sur une grande place à Lyon. C'était spécial… J'avais été invité à jouer au cas où l'équipe de France se qualifierait pour la finale, et quand j'ai dû monter sur scène ce 12 juillet, j'avais plus envie de faire la fête que de chanter ! On est entrés en scène juste après le troisième but de Petit, l'ambiance était folle. Je dirais donc, pour être tout à fait honnête, que ma plus grande émotion, c'est le match aller de la remontada, contre Barcelone, ce 4-0 était totalement dingue !

Et le match retour, comment l'as-tu vécu ?

À 3-1 pour le Barça, je reçois un message de mon épouse qui rentrait sur Paris et qui me dit "Ça y est, on y est !", et je lui réponds "Attends, attends", j'avais un mauvais pressentiment. C'était un cauchemar.

Voilà la grande différence entre un match de foot et un concert : un show, on sait à peu près comment ça va se passer, alors qu'un match...

Oui, quand tu montes sur scène, tu n'as pas d'adversaire, tu déroules, c'est peut-être plus simple, sauf si tu as une super première partie. Alors, là, il faut faire mieux, mais j'aime assez ce genre de situations car je suis un compétiteur dans l'âme.

2018, ça t'a marqué ?

Pas fan du jeu, mais on a gagné ! J'ai préféré 1984 et 1998. Je trouve que la génération Zidane était plus brillante, et pourtant je n'étais pas fan d'Aimé Jacquet. Mais attention, je préfère gagner en jouant mal que perdre en finale en jouant comme un dieu !

Depuis Rocheteau, tu as rencontré d'autres footballeurs ?

Oui, j'ai même joué avec Safet Susić et Rocheteau dans un “foot-concert”, j'ai marqué un but, je jouais avant-centre avec ces deux légendes à mes côtés. Plus tard, j'ai aussi connu Daniel Bravo, qui est un copain de Nagui, un de mes amis. Enfin, j'aime beaucoup Jérôme Alonzo, un mec adorable qui m'a beaucoup invité au Parc. En revanche, je ne connais pas Zlatan, mais j'adorerais le rencontrer !

Il aurait fait un bon *lead singer* dans un groupe de rock !

Clairement, les gens pensent que c'est un frimeur, mais je trouve que c'est plus un clown qui aime se donner en spectacle, dans le bon sens du terme. Il manque un joueur comme lui au PSG.

Tu n'as jamais fait de chanson sur les footballeurs. Pourquoi ?

Aucune idée ne m'est venue. Je me vois mal m'adresser à une personne en particulier, j'ai fait une chanson sur ma guitare il y a trente ans, mais je me vois mal faire une chanson sur un footballeur.

C'est quoi, une bonne chanson de foot ?

Il faut que ce soit facile à chanter, comme les sept notes d'intro de "Seven Nation Army". C'est la règle d'or, pour moi.

Laquelle de tes chansons pourrait être une chanson de stade ?

Le refrain de "Ces idées-là" avec les "hou hou", mais ce n'est peut-être pas assez rythmé…

Tu es avec Michaël Youn le seul invité du livre à avoir chanté dans un stade...

J'ai chanté au Stade de France à plusieurs reprises. Une fois, le LOSC m'a invité à y jouer au milieu pendant que leur stade était en travaux, c'était assez étrange car les gens étaient super loin de moi et je ne savais pas s'ils aimaient ce que je jouais ou s'ils s'en foutaient ! Et les joueurs s'échauffaient à dix mètres de moi pendant que je chantais, c'était marrant ! Puis, évidemment, j'ai joué avec Johnny, dont j'ai fait la première partie, j'ai fait un tour de France avec lui. Il m'avait demandé de faire sa première partie, j'ai dit : "Ok, Johnny, mais je veux faire que des stades !" *(Rires)* Puis avec les Insus, bien sûr : de super souvenirs !

Ça fait quoi de jouer dans des stades devant cinquante mille personnes ?

Je n'ai pas de préférence entre les petites et très grandes salles, j'aime autant chanter devant cinq cents personnes que devant cinquante mille. Quand je monte sur scène, je m'en fous. J'aurais le même état d'esprit si j'étais footballeur : ce qui compte avant tout, c'est que ça joue bien ! »

« Go West »

Autre classique de stade, la reprise de « Go West » des inoubliables Village People. Sortie en 1979, « Go West » fut écrite par le duo français Jacques Morali et Henri Belolo, qui se sont inspirés de trois sources bien distinctes. Tout d'abord, Horace Greeley, un éditeur américain qui titra dans l'un de ses journaux « Go West, young man » pour inciter les jeunes entrepreneurs à partir en 1865 à la conquête de l'Ouest. Puis le *Canon* de Pachelbel, une pièce baroque parue vers 1680. Et enfin, l'hymne soviétique composé par Alexandre Alexandrov.

Le « Go West » des Village People sort en juin 1979, alors que le disco fait rage avec « Ring My Bell » d'Anita Ward et « Hot Stuff » de Donna Summer, qui trustent la tête des charts du monde entier. « Go West » se défend comme il peut et sera le dernier gros succès des gars de Village People. « (Go west) Life is peaceful there/ (Go west) Lots of open air/ (Go west) To begin life new/ (Go west) That is what we'll do. »

En 1992, le duo britannique Pet Shop Boys redonne vie à ce titre un peu oublié et propulse « Go West » en tête de tous les charts européens. Pourtant, Neil Tennant, le chanteur du groupe, n'a pas été tout de suite convaincu par l'idée pailletée de son camarade Chris Lowe de reprendre le tube disco de Village People. « Il me l'a jouée et j'ai dit "C'est horrible", je vous assure que c'était affreux au-delà de tout ce que vous pouvez imaginer ! Chris a juste continué à travailler seul sur sa maquette sans se soucier de mon avis... Il m'a convaincu en soulignant que c'était le même changement d'accords que le *Canon* de Pachelbel. Et ça a effectivement fonctionné. »

Notons enfin que les très opportunistes Hermes House Band (souvenez-vous « I Will Survive ») ont tenté leur chance en reprenant eux aussi « Go West » en 2006, sans connaître le succès escompté. Mais c'est bien grâce aux Pet Shop Boys que l'on chante du Village People dans tous les stades. Voici comment tout a commencé…

1994. Le PSG de Lama, Ginola et Weah affronte Arsenal en demi-finale de la Coupe des vainqueurs de Coupe. À la mi-temps, alors que les Gunners mènent 1-0, le DJ du stade, après une nuit blanche au Queen, probablement, se met à jouer à fond les ballons « Go West », version Pet Shop Boys, aussitôt reprise en chœur par les fans du PSG, Boulogne Boys en tête. « Go West, life is peaceful here » devient ainsi « Allez, Paris Saint-Germain », un chant porte-bonheur pour les Parisiens qui égalisent en seconde période. C'est au match retour que la « Go Westmania » prend son envol, quand les supporters des Gunners s'approprient à leur tour « Go West », qui les mène jusqu'à la victoire finale en Coupe des Coupes cette année-là !

Depuis, « Go West » est repris dans toutes les langues, à toutes les sauces. En allemand, avec Dortmund – « Olé, jetzt kommt der BVB » – et dans les tribunes du FC Schalke 04, avec un refrain qui incite les supporters à se lever pour célébrer leurs joueurs. Le titre a même été pimpé par les fans de Tottenham après que Teddy Sheringham les a quittés pour Manchester United, invoquant un manque d'ambition des Spurs. Comme il n'a rien gagné avec les Red Devils au cours de sa première saison à Manchester, les supporters chantaient « Gone North, and you won fuck all » (« Parti vers le nord, tu n'as rien gagné »). Enfin, « Go West » a été choisie comme chant de bienvenue en 2002 lors du Mondial en Corée et au Japon, où les locaux accueillaient les Occidentaux au son de Village People…

Finalement, l'histoire de « Go West », c'est celle d'un hymne à la culture gay initialement écrit par deux *Frenchies* et maintenant repris dans tous les stades d'Europe par des fans pas toujours *gay friendly*, mais chut… Ne leur dites rien. Étonnant tout de même de voir que les reprises de tubes devenus les hymnes de stade les plus célèbres sont portées par des icônes gay, comme Freddie Mercury ou Village People !

« Guantanamera »

Nana Mouskouri, Chet Baker, Julio Iglesias, Joe Dassin, Wyclef Jean, Compay Segundo, Zucchero : tous ont chanté « Guantanamera », l'air cubain le plus connu au monde. Plus qu'une chanson, ce classique, écrit par le musicien et animateur radio de La Havane Joséito Fernández en 1928, demeure pour les Cubains un véritable trésor national. Joséito Fernández a tout d'abord popularisé le titre à Cuba en interprétant la chanson dans son émission de radio et en inventant de nouveaux couplets chaque semaine en fonction de l'actualité.

On raconte cependant que le texte du refrain fut trouvé par le pianiste Herminio « El Diablo » García Wilson. Alors qu'il jouait de la musique avec des amis à la terrasse d'un café, « El Diablo » vit passer une jolie femme venant de Guantánamo. Il l'interpella : « Guantanamera, guajira Guantanamera », ce qui signifie (en gros) « la fille de Guantánamo ». Le texte du refrain était tout trouvé. Si « Guantanamera » est devenue un classique des stades, particulièrement en Angleterre, c'est justement parce que la structure rythmique du refrain est très souple et offre une multitude de possibilités dès lors qu'il s'agit d'y poser un texte.

Ainsi, dans les tribunes britanniques, on chante souvent sur l'air de « Guantanamera » à l'attention des fans de l'équipe adverse : « You only sing when you're winning » (« Vous chantez seulement quand vous gagnez »), ou encore « You're getting sacked in the morning » (« Vous allez être virés demain matin »), pour le plus grand bonheur de l'entraîneur visiteur. La plus cruelle adaptation de ce classique cubain fut créée au détriment de l'ancien joueur de Chelsea Jimmy Floyd Hasselbaink, raillé sur les terrains anglais pour ses kilos superflus. « Fat Eddie Murphy, you're just a fat Eddie Murphy », entendait-on alors. Pas cool…

Pour la petite histoire, « Guantanamera » a tellement été recyclée qu'elle est devenue l'hymne de campagne du gouvernement suédois pour inciter les citoyens à… recycler leurs déchets ! « Guantanamera » est ainsi devenu « Pantamera » (« Recycler plus »).

« Santiano »

S'il y a un stade où l'on chante à s'en faire péter les cordes vocales, c'est bien l'Orange Vélodrome de Marseille. C'est en 1993, quelques semaines avant la victoire historique en Ligue des champions, que le groupe de supporters Commando Ultra s'approprie la chanson « Santiano », publiée par Hugues Aufray en 1961. Cette reprise d'un chant de marine fait désormais partie des classiques que l'on joue et chante en groupe autour d'un feu de camp ou d'une veillée.

À Marseille, une légende circule autour de « Santiano ». Il se dit que c'est précisément cet air-là que les supporters marseillais chantaient à l'instant même où, le 26 mai 1993, Basile Boli inscrit d'un coup de tête le but victorieux de l'OM en finale de Ligue des champions contre le grand AC Milan. Célébrant le « tous ensemble », ce chant fait aujourd'hui partie des classiques du Vélodrome. « Allez l'OM, allez Marseillais/ Hissez haut les drapeaux/ Tous unis sous les mêmes couleurs/ Le virage chante avec ferveur. »

« Frida Oum Papa »

Hugues Aufray n'est pas le seul artiste francophone à avoir inspiré nos amis marseillais.

En 1927, le compositeur tchèque Jaromír Vejvoda publie « Škoda lásky », inspirée d'une polka. Il y accole un texte plus triste qu'un dimanche de novembre à Stuttgart : « Quel amour gaspillé que celui que je t'ai offert/ Aujourd'hui, j'en pleurerais toutes les larmes de mon corps/ Ma jeunesse est passée comme dans un rêve/ De tout cela, il ne reste en mon cœur que des souvenirs. » Mais la mélodie, joyeuse, qui tranche avec ce texte un brin lugubre, inspire rapidement d'autres musiciens, qui reprennent « Škoda lásky » et lui font ainsi traverser les frontières. Durant la Seconde Guerre mondiale, cet air festif est chanté par presque tous : par les Allemands (« Rosamunde »), par les Anglais (« Roll out the Barrel ») et par les Américains (« Here Comes the Navy ») dans une version enregistrée par les Andrews Sisters. Ce chant est tellement puissant que le général Eisenhower a affirmé qu'il avait aidé les Alliés à gagner la guerre !

En 1975, Annie Cordy, qui compte alors parmi les chanteuses les plus populaires de l'Hexagone, y va elle aussi de son adaptation de « Škoda lásky ». « Frida Oum Papa » succède à « La Bonne du curé » dans la discographie de la chanteuse belge et consacre définitivement Annie Cordy comme une vedette de la variété francophone. Dans « Frida Oum Papa », elle conte l'enfance de Gretchen, une fille bavaroise baptisée à la bière et que sa nourrice gave de saucisses. On est loin de la complainte de Vejvoda !

Mais diantre, comment donc ce chant a-t-il fini dans les tribunes du Vélodrome ? 18 avril 1992 : l'OM se déplace au Stade Louis-II pour affronter l'AS Monaco. Dans le bus qui conduit les supporters marseillais en Principauté, quelqu'un évoque Annie Cordy, qu'il a vue la veille chanter à la télé « un air qui ferait un bon chant de stade ». C'est alors que tout le bus de supporters se met à improviser sur l'air de « Frida Oum Papa » ! Un supporter plutôt inspiré trouve la fameuse *punchline* « Ce soir, on vous met le feu », qui devient vite un tube chez les supporters marseillais, avant que le groupe IAM ne le mette en musique à peine un an plus tard sur l'album *Ombre est lumière*. Depuis, Soprano a également repris ce chant dans « Planète Mars 2021 ».

Les supporters marseillais peuvent donc remercier IAM et Annie Cordy qui, soit dit en passant, fut la première artiste à chanter un hymne du PSG. C'était en 1970, mais nous y reviendrons…

« Sarà perché ti Amo »

Cette chanson est aux Italiens ce que « Les Lacs du Connemara » sont à nous, les fêtards franchouillards. Un refrain qui se fredonne essentiellement aviné, voire totalement arraché. Sortie en 1981, « Sarà perché ti Amo », interprétée par le groupe Ricchi e Poveri, fait un carton en France, où elle se vend à près d'un million d'exemplaires. Karen Cheryl en fait même une version française, « Les Nouveaux Romantiques », qui elle aussi séduit le public et s'installe en tête des charts.

Vingt ans plus tard, le titre fait une première incursion dans les tribunes de San Siro pour célébrer Adriano, l'attaquant de l'Inter Milan. « Nous sommes heureux, ça doit être parce que nous te soutenons. Il lance des grenades, nous sommes tous debout. Ce Brésilien que nous applaudissons sur le terrain, c'est Adriano » : voilà en gros ce que chantent les supporters interistes sur l'air de Ricchi e Poveri pour célébrer Adriano.

Puis, en 2012, lors d'un derby Inter-AC Milan, les fans rossoneri s'approprient la chanson. La Curva Sud, les ultras de l'AC Milan, a réussi à faire de ce refrain un classique repris désormais par tout le stade. Depuis près de cinq ans maintenant, au moment de l'annonce de la composition des deux équipes, le titre est balancé dans tout Giuseppe-Meazza et soixante-quinze mille personnes chantent à l'unisson, un peu comme « You'll Never Walk Alone » mais en version spaghetti, et c'est *bellissimo*.

« Sarà perché ti Amo » (« Ça doit être parce que je t'aime ») devient « Sarà perché tifiamo (« Ça doit être parce que nous te supportons »), « Se ci sto bene, sarà perché ti amo » (« Si ça me convient ») devient « E chi non salta, è un gobbo juventino » (« Celui qui ne saute pas est un bossu turinois »).

L'engouement autour de cette chanson ne faiblit pas depuis plus de quarante ans. Si, lors d'un mariage ou d'une bar-mitsvah, vous voulez relancer l'ambiance sur la piste, optez plutôt pour ce tube que pour un titre de Barbara ou de Radiohead, c'est diablement efficace. Puis enchaînez avec « Les Lacs du Connemara » et envoyez tout ce beau monde se coucher avant qu'un des convives ne vous impose de jouer du Patrick Sébastien…

« Abide with Me »

De « Go West » à « Guantanamera » en passant par « Sarà perché ti Amo », les supporters du monde entier puisent dans le patrimoine pop, rock et même classique pour célébrer leurs favoris ou chambrer leurs adversaires. Que seraient les stades sans ces chants repris à l'unisson par des foules extatiques ? Et surtout, quel est donc le premier chant de stade que l'on puisse identifier ? La question vous brûlait les lèvres, je m'en vais éteindre l'incendie.

Tout a commencé le 23 avril 1927. C'est à cette date que l'on relève le premier enregistrement d'un chant de stade. La finale de FA Cup, qui oppose Arsenal à Cardiff City, est diffusée à la radio, sur la BBC. Là, quatre-vingt-dix mille personnes se mettent à chanter « Abide with Me », un chant religieux à la trajectoire peu commune. « Abide with Me » fut écrite au XIXe siècle, en 1847, par Henry Francis Lyte, un pasteur anglican écossais enterré à Nice. C'est d'ailleurs lors de ses obsèques que fut jouée pour la première fois « Abide with Me ». Depuis, cet air « Abide with Me » retentit en toute occasion outre-Manche : cérémonies officielles, enterrements et même mariages, puisqu'il est chanté en 1947 pour célébrer l'union de la reine Élisabeth II. On raconte même que c'était le chant préféré de Gandhi ! Mais le football n'a pas délaissé ce titre légendaire pour autant puisque, lors de chaque finale de FA Cup, deux couplets sont chantés avant l'entrée des joueurs. Et ce depuis près de… cent ans !

THÉOPHILE BONJOUR

Théophile Bonjour est doctorant en sociologie et musicologie à l'université de Limerick, en Irlande, et prépare une thèse sur les chants de supporters en France. Ce diplômé en sociologie et musicologie est aussi un amoureux du football, et les chants de stade, il les connaît (presque) tous par cœur.

« Ça a commencé comment, en France, ces chants de stade ?

Ça débute vraiment dans les années quatre-vingt, au moment où le football commence à être très médiatisé. Avant cela, le football n'est pas aussi exposé, mais l'argent arrive avec Tapie et

Canal +. On commence alors à voir à la télévision des matchs de Championnats étrangers et les supporters voyagent de plus en plus, ils vont à Londres, à Rome, à Naples, ils voient ce qui se passe là-bas et ils l'importent en France. C'est ainsi que naît le mouvement ultra qui a lancé le supportérisme tel qu'on le connaît aujourd'hui et qui est devenu tellement puissant.

Comment les supporters organisent les chants ?

C'est le capo qui jauge la situation, la plupart du temps, en fonction du déroulement du match. Si l'adversaire prend le dessus sur la pelouse, le capo va alors lancer un chant pour le déstabiliser, un chant insultant généralement. Puis il y a des routines : par exemple, on commence chaque rencontre par les mêmes chants. Il y a aussi les hommages : à telle minute de chaque match, on rend hommage à un capo du passé ou à un supporter. C'est le cas à Marseille avec "Depé", un supporter ultra mythique, disparu à seulement vingt-huit ans. Vers la soixante-douzième minute, en référence à son année de naissance, les supporters entonnent : "Et chanter comme Depé/ Sans jamais rien lâcher/ Notre amour du maillot !"

Le capo, c'est le chef d'orchestre des tribunes ?

Oui, il est dos au match et se retourne rarement, il regarde ses musiciens à lui. Ce n'est pas forcément la personne la plus importante de l'association de supporters, mais il doit être le meilleur pour mettre l'ambiance. C'est quelqu'un qui a la bonne connexion avec ceux qui sont chargés des tambours, ceux qui donnent le rythme. Il doit être en communication avec tous, c'est assez hiérarchisé, évidemment, et "spacialisé" : on doit voir le capo, il est donc placé vers le bas de la tribune, sur un petit promontoire afin d'être bien identifié par tous, pour faire chanter tout le monde.

Une foule chante juste, mais parfois elle pense faux et le dit tout haut...

En Argentine, ce phénomène, notamment celui du racisme de foule, a été étudié. Chanter en étant synchronisé avec d'autres a pour conséquence de nous faire presque perdre notre individualité. D'ailleurs des ex-hooligans anglais ont publié des ouvrages dans lesquels ils parlent de cela : quand on s'exprime en synchronie, cela l'emporte sur notre individu, et c'est là que les idées les plus discriminatoires prennent le dessus. Cependant, on voit quand même qu'en Europe le racisme dans les tribunes a considérablement diminué.

La fin des chants homophobes va-t-elle changer la donne sur le sujet ?

Je ne pense pas, ça va braquer certaines personnes, mais il faut bien faire quelque chose. Néanmoins, je pense qu'il faudrait encourager les supporters à s'engager plutôt que de condamner leurs chants car il y a une telle force dans ce que l'on appelle les chants de division, où l'on chante contre les autres, et pour son équipe, il y a une telle normativité masculine hétérosexuelle traditionnelle, que pour s'attaquer à ces traditions-là, cela me semble compliqué.

Il y a dans les chants de stade une certaine idée du "on est chez nous" aussi...

Oui, c'est à la fois de l'inclusion et de l'exclusion, ces chants mettent en valeur le territoire à plusieurs échelles. Au PSG, ça va être Paris intra-muros en reprenant des chants associés à des quartiers de Paris. Dans le nord de la France, on va célébrer et défendre le bassin minier. À Marseille, ça va être la Provence, voire la Méditerranée au sens large. Il y a des différences selon les clubs... On se trouve toujours un ennemi quand on est supporter. Si ce n'est pas le pays voisin, ce sera la ville voisine ou le club d'un autre quartier de sa ville ! C'est l'altérité qui est protéiforme et contextuelle. Ce qui est important, c'est que les supporters se construisent une idée de l'altérité assez radicale : le groupe d'en face est toujours l'inverse en termes de valeurs.

Celui qui chante le plus fort a-t-il toujours raison ?

On peut dire cela car il s'agit, en chantant, d'affaiblir symboliquement l'adversaire. Même dans certains clubs où il y a des groupes de supporters rivaux, il faut chanter plus fort que le groupe d'en face. C'est ce que les ultras appellent "la clameur".

C'est quoi, un bon chant de stade ?

Le but de ceux qui inventent des chants, c'est qu'ils soient repris par un maximum de personnes, ce qui n'exclut pas, parfois, la complexité. Il y a des chants qui ne sont repris que par un groupe précis, puis ceux que l'on veut entendre repris par tout le stade. Généralement, il faut une mélodie qui soit connue de tous, ça peut être des chants que l'on reprend d'autres stades, que l'on adapte, ce qui se fait beaucoup depuis l'arrivée de YouTube, mais il faut quand même un squelette mélodique simple.

Comme "I Will Survive" et "Freed From Desire" ?

Ce sont des chants différents de ceux que j'étudie, ils sont souvent chantés avec la bande-son jouée par les DJ ou les speakers. Ce sont rarement des chants spontanés. Il existe aussi des rituels qui reposent sur une chanson connue, un cas de figure que l'on retrouve à Lens avec "Les Corons" : le stade chante ce titre à la mi-temps avec la bande-son, et parfois *a cappella* pendant le match. C'est un moment de grande communion.

Les chants de stade sont-ils sacrés ?

Oui, il y a quelque chose de cet ordre. D'ailleurs, le premier chant de stade associé à Saint-Étienne, avant la chanson de Monty, c'est l'"Ave Maria de Lourdes", qui a été repris à Geoffroy-Guichard. À l'époque, le public des stades était en quelque sorte le public des églises, avant que l'église catholique ne perde son influence. Plus généralement, les chants de stade viennent de partout – de la variété, de la musique classique, des chants traditionnels italiens qui arrivent en France –, mais quand on aligne tous ces chants et qu'on les compare, ils ont tous une structure mélodique qui me rappelle celle que j'étudiais dans la musique sacrée catholique, qui vient du Moyen Âge.

La musique de la Champion League, elle aussi, a quelque chose de sacré !

C'est de la pyrotechnie musicale. Accueillir la Champions League, c'est déjà une victoire pour une équipe qui joue la compétition, c'est déjà une musique de victoire, une musique de triomphe ! »

Dans tous les stades du monde, désormais, on chante. Pour soutenir les siens, pour se rassembler sous la même bannière, pour encourager ceux que l'on aime, pour déstabiliser les visiteurs… C'est tellement beau, une tribune qui chante, et puis une foule chante toujours juste, ce qui n'est pas le cas de tous les footballeurs, comme nous le verrons plus tard… Les chants de supporters revêtent une importance culturelle et émotionnelle indéniable, faisant des stades non seulement des lieux de compétition sportive, mais aussi des espaces d'expression collective. Et pour que le spectacle soit total, il faut toujours une musique d'anthologie pour accueillir ces dieux du stade…

L'ENTREE DES ARTISTES

L'entrée des joueurs, c'est celle des gladiateurs dans l'arène, un instant solennel qui précède le moment de vérité où tout va se jouer. Que l'on soit devant un Sedan-Grenoble ou un Real Madrid-Manchester City, c'est la même histoire, les mêmes codes, mais pas exactement le même talent… Chaque équipe et compétition a son hymne, qui incarne son esprit, ses valeurs et son histoire.

Champions League

S'il est une chanson qui fait vibrer chaque passionné de football, c'est bien cet air majestueux, un tantinet pompeux mais diablement efficace, qui résonne lors des grandes soirées européennes de nos mardis et mercredis. Là, Sedan et Grenoble attendront… Cette mélodie presque sacrée transcende les rivalités et unit les cœurs, élevant le simple jeu à la hauteur d'un rite quasi mystique.

1992. L'UEFA crée une nouvelle compétition, la Ligue des champions, et l'hymne qui va avec. C'est Tony Britten, ex-chargé de production sur le film *RoboCop* et – accessoirement – musicien, qui est missionné pour composer ce titre. L'UEFA demande à ce bon Tony de surfer sur le succès des trois ténors qui ont donné un concert d'anthologie lors de la dernière Coupe du monde italienne de 1990. C'est donc vers la musique classique que Tony va chercher l'inspiration pour composer l'hymne de la Champions League. Se fondant sur *Zadok the Priest*, de Haendel, une composition de 1727 créée pour le couronnement du roi George II, Tony va se surpasser et délivrer un morceau d'anthologie avec un texte en trois langues : anglais, français et allemand. « Ils sont les meilleurs/ Sie sind die Besten/ These are the champions/ Die Meister/ Die Besten/ Les grandes équipes/ The champions. »

Depuis, pour chaque joueur qui a la chance de disputer un match de Champions League, entendre retentir ce chant dans les enceintes de tous les stades d'Europe est un moment d'exception. « La musique de la Ligue des champions est gigantesque, selon le golfeur Gareth Bale. C'est l'une des choses que les joueurs attendent le plus en rentrant sur le terrain : entendre cette musique dans le stade. » Zizou, lui, pourtant peu enclin à utiliser les superlatifs, a déclaré : « C'est plus magique que tout ! Quand tu entends cet hymne, tu es tout de suite captivé. » Lionel Messi n'a pas dit mieux : « En l'entendant, vous savez que c'est un match différent. Cela vous rappelle à quel point cette compétition est spéciale et importante. » Erling Haaland, enfin, utilise carrément cette musique comme alarme : « Je ne connais pas de meilleur moyen de commencer la journée », dit-il.

En France aussi, les musiques d'entrée des joueurs jouent un rôle rituel. La plus célèbre, c'est probablement à Marseille qu'on l'entend. Que mes amis supporters parisiens ne m'en veuillent pas, mais, sur ce coup-là, OM 1-0 PSG…

« Jump »

6 octobre 2020 : le guitariste Eddie Van Halen vient de disparaître. Membre émérite du collectif hard rock Van Halen, ce fumeur invétéré succombe à un cancer de la bouche à l'âge de soixante-cinq ans. C'est lui qui composa et joua notamment le fameux solo de guitare électrique de Marty McFly dans *Retour vers le futur*, quand le jeune homme incarné par Michael J. Fox est propulsé via sa DeLorean de 1985 dans les années cinquante. Un an plus tôt, l'album *1984* de Van Halen sort. Le groupe est sous pression et le leader-chanteur du *band*, David Lee Roth, commence à taper sur les nerfs de tous les autres membres. La diva peroxydée est très en colère : il voit d'un très mauvais œil l'entrée de synthétiseurs dans le son du groupe. Les synthés, révolution musicale du moment, viennent de porter bonheur à d'autres groupes à guitares aux États-Unis, comme Yes, qui cartonne avec « Owner of a Lonely Heart », ou ZZ Top, qui vient de se réinventer en injectant du bon synthé sirupeux à souhait dans son son rock FM.

Alors quand Eddie Van Halen, qui a pratiqué le piano avant de se mettre à la guitare, joue à David l'intro de « Jump », celui-ci fait clairement la moue. « On va passer pour des vendus », martèle-t-il. Eddie ne lâche pas l'affaire et enregistre seul dans son propre studio la démo de « Jump », qui convainc le reste du groupe. Lee Roth écrit à contrecœur un texte dont la signification demeure aujourd'hui encore un peu floue. Un jour, David affirme que c'est après avoir vu un gars sauter d'un building que lui est venue l'idée de la chanson, une autre fois il affirme qu'il parle ici d'une strip-teaseuse. À sa sortie, « Jump » se classe numéro un aux États-Unis, c'est le plus grand succès de l'année avec « Like a Virgin » de Madonna et « When Doves Cry » de Prince.

C'est seulement deux ans plus tard que l'idée d'en faire la musique d'entrée du Vélodrome germe dans la tête des supporters. L'équipe d'animation de l'OM, emmenée par le speaker André Fournel, cherche un son pour accompagner les joueurs marseillais quand ils pénètrent sur la pelouse. Bernard Tapie vient d'arriver au club, l'OM s'apprête à changer de dimension. Il faut un hymne à la hauteur de ses dévorantes ambitions. Bon choix, il faut le reconnaître ! Mais patatras, après l'affaire VA-OM, en 1993, Jean-Michel Roussier, nommé directeur général du club phocéen, décide de faire sauter « Jump » et propose de le remplacer par un autre titre de Van Halen, le dispensable « Panama ». Mais devant le flot de protestations des supporters marseillais – et en la matière, ils savent s'y prendre pour montrer, parfois de façon colorée, leur mécontentement –, « Jump » fait très vite son retour dans l'enceinte du Vélodrome et n'en est, depuis, jamais sortie. « C'était la chanson de notre entrée sur le terrain, un rituel très important pour se mettre en communion avec notre public, évoque Bernard Casoni, rugueux défenseur de l'OM entre 1990 et 1996. Entre la sortie du tunnel et le moment de faire face à la tribune présidentielle, j'avais l'impression de voler.[3] »

Il reste quand même quelques grincheux pour trouver ce « Jump » un brin daté, comme Akhenaton, le rappeur marseillais, que l'intro du titre horripile. Il a même proposé trois remix de

---

3. « Comment "Jump" est devenu indémodable au stade Vélodrome lors de l'entrée des joueurs », www.eurosport.fr, octobre 2020.

la chanson avec ses camarades de IAM, mais ses propositions, franchement pas nécessaires, n'ont pas convaincu…

« Jump » est indétrônable et reste associée à l'histoire de l'OM. Le DJ producteur Breakbot, devenu célèbre pour son titre « Baby I'm Yours », en a fait les frais. L'anecdote est savoureuse. 22 septembre 2013, choc de la Ligue 1, PSG-Monaco. Histoire de mettre le feu au Parc, la direction du club parisien invite Breakbot à chauffer le stade et le convie à mixer au bord de la pelouse. Mais Breakbot, qui s'y connaît en football comme Ribéry en mathématiques anciennes, balance « Jump » dans tout le stade, provoquant une bronca XXL. Le DJ a dû twitter pour demander pardon aux supporters parisiens, humiliés comme jamais. « Je m'excuse auprès des fans du PSG que j'ai offensés hier soir au Parc, je ne connaissais pas la connotation de "Jump". »

Enfin, le 29 novembre 2019, à l'occasion d'un OM-Brest, un jeune prodige marseillais du piano, le regretté Mourad Tsimpou, alors âgé de quinze ans, a réinterprété avec son instrument de prédilection le célèbre « Jump » de Van Halen. Originaire de la Castellane, comme Zizou, le jeune Mourad a vécu là l'un des plus beaux moments de sa trop courte vie et sa prestation fut tellement remarquée qu'il fut ensuite invité à jouer lors de la finale du Top 14 de rugby au Stade de France. À cette occasion, il a eu l'honneur de rencontrer un autre fan, comme lui, de l'Olympique de Marseille : le président Macron, qui reste cependant bien plus amateur de Rossini ou Bach que de Van Halen.

« Who Said I Would »

Septembre 2021. Le PSG nous fait une Jean-Michel Roussier et annonce avoir décidé de débrancher la musique d'entrée des joueurs, « Who Said I Would » de Phil Collins, en place depuis vingt-neuf ans ! En catastrophe et devant le flot de protestations des fans parisiens, le PSG publie un communiqué tout à fait sérieux : « Devant l'émotion suscitée par le changement de musique d'entrée des joueurs, Phil Collins revient au Parc dimanche. » Sacrilège, la direction du club, sans consulter ses groupes de supporters, avait donc décidé de remplacer l'intro mythique par un titre original composé par DJ Snake, par ailleurs fan du club et natif de la région parisienne. Sur les réseaux sociaux, le bad buzz grandit à tel point que le DJ, gêné aux entournures, a dû lui aussi y aller de son message aux fans. « J'ai fourni un son pour la vidéo de présentation de Messi. J'ai découvert comme vous qu'on en a fait une musique d'intro pour l'entrée des joueurs alors que ça ne s'y prête pas. Je ne voulais pas nuire au club en prenant la parole sur ce sujet, mais je ne peux pas accepter cette situation en tant que supporter, et vous savez l'amour que j'ai pour nos couleurs. »

Cette anecdote illustre bien le rapport affectif qui lie les amoureux du club de la capitale à Phil Collins et à sa chanson « Who Said I Would », qui résonne dans l'enceinte du Parc des Princes depuis 1992.

Sortie en 1985 sur l'album *No Jacket Required*, sur lequel on retrouve les tubes « Sussudio » et « One More Night », « Who Said I Would » est la chanson la plus emblématique lorsqu'il s'agit d'évoquer le PSG. Si sa fille Lily Collins doit à Paris le décollage de sa carrière internationale pour son rôle dans *Emily in Paris* et voue à la capitale une reconnaissance éternelle, Papa Collins, lui, ne semble pas soutenir le PSG malgré la tendresse que les supporters éprouvent pour sa chanson « Who Said I Would ». L'ex-chanteur de Genesis est plutôt branché Tottenham, à tel point qu'il est récemment venu en aide à l'une des légendes du club, Jimmy Greaves, dans le besoin financièrement ces dernières années.

Marqueur identitaire au même titre que l'écusson ou la couleur du maillot, l'hymne d'entrée des joueurs offre un rituel, un point de repère précieux à tous.

Parce qu'il n'y a pas qu'à Marseille et à Paris que l'on accueille les joueurs en musique, petit tour de France des musiques d'intro de match : à Lille, c'est AC/DC avec « Thunderstruck » qui accueille les joueurs. Le rock est également à l'honneur avec Muse : « Knights of Hysteria » à Lyon et « Supremacy » à Monaco. Bordeaux a choisi Liquido et son entêtant gimmick de « Narcotic », alors que Montpellier craque pour U2 et « Where the Streets Have No Name ». À Nantes, le choix s'est porté sur la musique plutôt anxiogène de Clint Mansell, « Requiem For A Dream », puis sur le pompeux « Music » de John Miles. L'electro a à la fois les faveurs de Rennes avec « Genesis » de Justice, de Valenciennes avec « Little Bad Girl » de David Guetta, et de Lorient avec « Can You Feel It » de Jean-Roch. Auxerre, Sochaux et Toulouse la jouent classique avec l'intro d'Europe, l'un des groupes les plus chevelus des années quatre-vingt, et leur fameux mais très daté « Final Countdown ». À Nice, c'est un joli *tribute* aux Chicago Bulls qui est proposé : même musique d'entrée, « Sirius », de The Alan Parsons Project.

Un vent de nouveauté serait bienvenu pour l'entrée de nos gladiateurs de la Ligue McDonald's dans l'arène, non ? Voici une playlist de titres qui feraient se lever des stades entiers :

« Can't Stop », Red Hot Chili Peppers
« Levels », Avicii
« Can't Hold Us », Macklemore
« Turn Down for What », DJ Snake
« The Adults Are Talking », The Strokes
« Know How », Young MC
« Elevate My Mind », Stereo MC's
« Introvert », Little Simz

« Ouai Ouai », Ouai Stéphane
« 360 », Charli XCX
« Galvanize », The Chemical Brothers
« La Superbe », Benjamin Biolay
« Silence on meurt », Christophe
« Your Love », Frankie Knuckles
« Fiore & I », Fellini Félin
« Paper Romance », Groove Armada
« Another Life », Kano
« Shooting Stars », Bag Raiders
« Heaven Sent », INXS
« Easy Lover », Phil Collins & Philip Bailey
« Road Trip », Darius
« Cannonball », The Breeders
« 11th Dimension », Julian Casablancas
« The Age of the Understatement », The Last Shadow Puppets
« Starz in Their Eyes », Just Jack
« Pjanoo », Eric Prydz

CHANSONS POUR MA DROLE D'EQUIPE

Les artistes et les musiciens s'en donnent à cœur joie, parfois avec succès, lorsqu'il s'agit d'écrire une chanson pour encourager leur équipe chérie. Il aurait été laborieux de lister ici l'ensemble de ces créations musicales, plus inégales que la discographie des Stones dans les années deux mille. Voici néanmoins quelques titres avec du « allez » et du « on est les meilleurs » à l'intérieur.

« Allez les Verts »

1976. La France, jusqu'alors plutôt abonnée à la défaite en matière de victoire footballistique, découvre non sans passion que, parfois, les *Frenchies* peuvent gagner ! L'AS Saint-Étienne de

Robert Herbin et sa formidable épopée européenne provoquent un raz de marée de bonheur dans le Forez, et cette jolie folie verte se propage dans tout le pays. C'est alors que Jacques Bulostin, dit Jacques Monty, ex-chanteur yéyé, compose, le 16 avril 1976, soit quarante-huit heures après la qualification des Verts pour la finale européenne, la chanson « Allez les Verts ».

Bloqué dans les embouteillages sur les Champs-Élysées, Monty s'occupe comme il peut. Il fouille alors dans la boîte à gants de son véhicule et tombe sur une cassette qu'il glisse dans le poste de radio, sans trop savoir ce qu'il va y trouver. Il s'agit d'une maquette qu'il a écrite pour une dénommée Fanny. « Hello », c'est le titre du morceau. C'est la révélation ! La mélodie de la chanson est sacrément entêtante et Monty est d'humeur inspirée. En attendant que le trafic se fluidifie, il se met à écrire des paroles en hommage aux Verts, qu'il vénère. En dix minutes, l'affaire est pliée. « Allez, qui c'est les plus forts ? Évidemment, c'est les Verts/ On a un bon public et les meilleurs supporters/ On va gagner/ Ça, c'est juré/ Allez. »

Quatre millions de 45 tours vendus. Sans cet embouteillage, les Verts ne seraient pas exactement les mêmes. Cinquante ans plus tard, Geoffroy-Guichard s'enflamme encore sur ce refrain au texte minimaliste mais diablement efficace. Un succès inespéré puisque, depuis, aucun hymne à la gloire d'un club n'a fait mieux ! Monty non plus… Il surfe sur la vague des Verts en publiant une chanson sur Dominique Rocheteau, « Le Petit Rocheteau », que le principal intéressé n'a que peu appréciée, puis il soutient l'équipe de France pendant la Coupe du monde 1978 en Argentine avec « Allez les Bleus ». Enfin, beaucoup plus étonnant, il publie une chanson à la gloire… de l'OM en 1991.

Monty a chanté les Verts, et c'est de cela que l'on se souviendra en premier lieu dans sa carrière musicale. On ne peut pas en dire autant de Daniel Balavoine qui lui aussi a chanté pour Saint-Étienne ! En 1982, alors que l'ASSE est plombée par l'affaire de la caisse noire, il écrit « Supporter », implorant les fans des Verts de ne pas lâcher. « Pour le gardien, pense aux étrennes/ On s'engueule même quand on s'entraîne/ Il faut punir la mauvaise graine/ Supporter, supporter/ Laisse pas tomber Saint-Étienne. » On retrouve cette pépite sur la face B du 45 tours « Pour la femme veuve qui s'éveille ».

MATHIAS MALZIEU

Ils sont nombreux, en France, à avoir connu leur première émotion footballistique avec les Verts. Mathias Malzieu, cinquante ans, musicien, écrivain, scénariste, réalisateur français et leader du groupe Dionysos, se souvient.

« Quel est ton premier souvenir de football ?

Mon premier coup de foudre, c'est la chanson des Verts de Monty, j'étais petit, évidemment, puis, après le Mondial 1982, je me suis inscrit dans un club.

Entre le foot et la musique, quelles correspondances vois-tu ?

Avec Dionysos, avant la scène, on est une équipe, on se prend dans les bras, et pendant le show, il peut y avoir des erreurs, alors les autres membres doivent se sacrifier… C'est ça, une équipe. Par exemple, je me rappelle de Cavani, un soir au Parc, qui tacle dans sa surface, qui récupère le ballon et qui fait l'effort jusque dans le camp adverse pour inscrire un but. Quand t'es en concert, c'est pareil : il y a des moments où il faut aller tacler dans ta défense s'il y a un problème technique ou un pote qui doute. Tu prendras un but s'il n'y a pas de solidarité joyeuse… On a beaucoup à apprendre du football au sujet du vivre ensemble, des valeurs qui sont valables même dans notre vie quotidienne.

Au sein du groupe Dionysos, ce n'est même pas toi le plus fan de foot !

Le plus dingue de foot, c'est Rico, le batteur du groupe. Il est capable de te dire lors de quel match Philippe Mahut est entré pour sa première sélection en équipe de France. Déjà, se souvenir du regretté Philippe Mahut, c'est fort ! Rico connaît tous les clubs de Mahut. Avant qu'on ait les GPS, quand on tournait en France ou en Europe, Rico connaissait tous les stades de foot et leur emplacement. C'est par rapport aux stades de foot que l'on se guidait !

Quel genre d'entraîneur serais-tu ?

Je proposerais un jeu avec un vrai 10. Je garderais du foot moderne les latéraux qui montent, avec une équipe qui presse très haut. Je voudrais des gars qui savent pratiquer le jeu long, avec des relayeurs techniques, des casseurs de lignes… J'aime bien le côté propre où l'on repart de derrière, mais ça me gave un peu en ce moment… Un bon vieux dégagement, c'est bien aussi ! Et avec un vrai 9 devant !

Tu es un amoureux du spectacle *live*, les salles de concert, les stades...

Arriver en avance au stade, aller s'acheter une saucisse-frites, sentir l'ambiance monter, regarder la compo, râler parce qu'un joueur que tu aimes n'est pas titulaire… J'adore ça, autant qu'aller voir un concert !

Les chants de stade, ça te touche ?

J'aime bien "Porque te vas" chantée par les supporters du PSG, j'aime cette mélodie. J'apprécie plus encore quand les chants sont plus complexes. "Seven Nation Army", c'est super, mais c'est vrai que je préfère les chants plus ardus à chanter, je trouve que ça crée une émotion collective super forte.

Parle-moi de Cantona : il a slamé avec vous sur le titre "Épilogue"...

Enregistrer un titre avec lui, c'était génial ! Il a fait une prise et m'a dit : "Je peux la refaire ?" Nous, on était gênés, on lui a répondu : "Non, vraiment, c'est super comme ça." Et lui a ajouté : "Je prends du plaisir, je veux la refaire." J'étais aux anges qu'il soit aussi concerné. Plus tard, il est venu chanter lors de l'un de nos concerts, il a assisté aux balances et il est resté dans la salle avec nous jusqu'au soir alors qu'il ne chantait pourtant qu'à la toute fin et qu'il aurait pu rentrer à l'hôtel. Il était hyper touchant, tellement humble. J'aime ce genre de caractère, comme McEnroe, sur qui j'ai fait une chanson. Ce sont des champions avec du panache, ils ont ce petit supplément d'âme, comme le chantait France Gall dans "Ella, elle l'a". Comme Javier Pastore aussi. Javier Pastore qui slalome le long de la touche contre Chelsea et qui marque un but incroyable à la dernière minute… C'est ça, le foot, pour moi !

Avec Dionysos, tu as aussi fait un album-concept en hommage au foot...

Il s'appelle *Bird'N'Roll*, il y a douze chansons, comme une sorte de 4-3-3, avec la douzième chanson, celle du coach, et, évidemment, la dixième chanson de l'album s'appelle "Platini(s)".

Platini, une autre de tes idoles... Tu l'as rencontré ?

Je l'avais invité à un concert à Lausanne, mais il n'a pas pu venir, alors je suis allé le voir à l'UEFA. On a mangé des frites au resto de l'UEFA, c'était un grand moment pour moi.

Pour en finir avec tes chansons foot, tu as fait un titre sur la compilation *Pop 'n Foot* sortie sur le label de Johan Micoud...

Oui, "La Belle au bond". C'est une histoire d'amour entre deux Allemands, l'un en RFA et l'autre en RDA, ils s'envoient des messages sur un ballon, en tirant des coups francs par-dessus le mur de Berlin. »

« Allez Paris »

Quittons Berlin pour Paris ! Gloire à Annie Cordy qui a chanté le premier hymne dédié au PSG. Marraine du club, la chanteuse belge publie sobrement en 1971 « Allez Paris » avec un texte presque avant-gardiste, bien avant le chant désormais légendaire « Ici, c'est Paris ». Elle chante : « Ici réunis, on crie, de Saint-Germain à Bercy/ Allez, allez Paris, ton équipe est la plus forte ! »

C'est le 1er février 1970 que tout commence. Sur Europe 1, Pierre Bellemare lance un appel. Il faut trouver un club pour jouer au Parc des Princes, sinon celui-ci va être démoli ! De nombreuses personnalités sont donc invitées à participer à l'opération « Sauvons le Parc ». Enrico Macias, Eddy Mitchell et Annie Cordy : les trois stars en mission commando arpentent les cafés de la capitale pour convaincre les Parisiens de devenir associés d'un nouveau club sur le modèle des *socios* des clubs espagnols. Pour vingt-cinq francs, chacun peut devenir actionnaire du Paris Football Club, qui devient le PSG le 12 août 1970. Annie Cordy est nommée marraine du club et entre en studio pour enregistrer ce « Allez Paris » qui n'est pas tout à fait resté dans les mémoires des fans du club parisien. Néanmoins, le 5 septembre 2020, à la mort de la chanteuse, le PSG se fendait d'un tweet : « À toi, Annie, l'interprète du tout premier hymne du club. » Paix à son hymne.

« Les Canaris »

Carlos, le chanteur de « Papayou » – pas le terroriste, quoique à l'écoute de certaines de ses chansons on puisse se poser la question –, Carlos, donc, a célébré les Canaris du FC Nantes en chanson ! Le 45 tours existe, et ce n'est pas ce qu'il a fait de mieux, l'ami Carlos.

Nous sommes en 1977, Henri Michel et sa bande sont champions de France, notamment grâce au talent de Bruno Baronchelli et de leur avant-centre Éric Pécout. Carlos, visage populaire de la variété française, abonné aux émissions des Carpentier, publie une nouvelle chanson qui traite de l'évolution des mœurs en matière de drague et propose une technique pour faire se rapprocher les corps. Ce titre, c'est « Big Bisou ». Six cent mille exemplaires vendus !

Personne n'a oublié la chanson, en revanche, peu se souviennent que sur la face B de ce chef-d'œuvre de légèreté on trouve « Les Canaris », un ovni à la gloire des Jaune et Vert. « Des ponts de Nantes à La Baule fleurie/ Tout le monde chante "Vive les canaris !"/ Sûr qu'ils seront champions de France, ils ont toutes les chances de gagner/ Puisque les maillots jaunes sont toujours les premiers. » Le tout sur une musique cosignée par…

Joe Dassin, qui a été plus inspiré pour chanter « L'Amérique » ou « Les Champs-Élysées » que lorsqu'il a composé cette ritournelle pour les fans nantais !

« Bastia »

Après l'épopée des Verts, ce sont les Bastiais que l'on va chanter à gorge déployée dans toute la Gaule. Finalistes de la Coupe de l'UEFA en 1978, ils sont alors célébrés par l'un des chanteurs les plus populaires du moment, Nicolas Peyrac. Il vient d'enchaîner trois énormes hits : « So Far Away from L.A. », « Et mon père » et « Je pars ». C'est en reprenant la musique de ce dernier tube qu'il va coller de nouvelles paroles et transformer « Je pars » en « Bastia ». « Bastia/ Nous, on va leur faire voir/ On va leur faire savoir/ Qu'on n'est pas des flemmards ! » Il est quand même bien gonflé, le Nico, de dire « On n'est pas des flemmards », lui qui ne prend même pas la peine de composer une musique originale pour fêter ses amis corses !

Qu'importe, au cours de leur formidable épopée européenne, Claude Papi et ses amichi vont être chantés tour à tour par le groupe Les Furianis, puis par Laurent Rossi et son petit papa Tino dans un « Forza Bastia » légendaire. Tino, le cœur sur la main, annonce fièrement, le 18 avril 1978, en direct dans le journal d'Yves Mourousi, que les recettes dégagées par cette chanson iront dans les poches du club et ajoute, le poing levé, « Tant que Bastia aura la rage de vaincre, il vaincra », avant d'entamer une prestation en play-back super généreuse et un peu gênante aussi. Le titre, composé par le fils de Tino, Laurent Rossi, est assez efficace, convenons-en. Il faut dire que Laurent a l'art de concocter des mélodies qui font mouche : c'est lui qui, en 1975, se cache derrière le pseudonyme de Bimbo Jet, dont le titre « El Bimbo » se classe tout de même numéro un des clubs l'année de sa sortie. Si « El Bimbo » ne vous dit rien, n'allez surtout pas l'écouter, car une fois que vous l'aurez dans la tête, elle ne vous quittera plus.

« Allez Sochaux »

En 1981, un groupe local, les Pacemaker's, sort « Allez Sochaux ». Cette année-là, Sochaux réussit un parcours remarquable en Coupe de l'UEFA. Emmenés par les Rust, Stopyra, Genghini ou Anziani, les lions sochaliens atteignent les demi-finales de la compétition. Pour fêter ça, il fallait bien un petit refrain ! « Allez Sochaux/ La crinière du lion vous a donné le cœur/ De figurer parmi les meilleurs/ Quand vous apparaissez sur le tapis vert/ Nous sommes tous convaincus au club des supporters/ Que si certains vous trouvent un peu jojos/ Oui, le numéro un, ce sera Sochaux. »

Les Pacemaker's, formé par trois frères d'origine italienne installés dans le pays de Montbéliard, n'ont pas gagné un sou avec la sortie de « Allez Sochaux » ! Et l'on ne saura jamais à combien d'exemplaires le single s'est véritablement vendu puisque l'entreprise qui l'a distribué a fermé... Mais la légende est tenace à Sochaux : « Cette chanson, ça a été un énorme succès en termes de ventes », nous dit-on... À l'époque, les frères Liégeois et leur *band* Pacemaker's ont même pu jouer en première partie d'Eddy Mitchell et de La Compagnie Créole. C'est dire... Le titre, lui, continue de résonner au cœur du stade Bonal. Il faut dire que les Pacemaker's y ont mis tout leur cœur... (Vous l'avez ?)

Il faut le reconnaître, les hymnes spécialement composés pour nos clubs français sont essentiellement mauvais. Voilà, c'est dit, ces titres sont d'un goût assez douteux bien qu'efficaces pour certains. Difficile en France de ne pas tomber dans le ridicule, le malaisant, le gênant, ce qui n'a pas empêché certains musiciens sans complexes de commettre quelques titres dispensables pour célébrer la plupart des clubs français. C'est l'AS Saint-Étienne qui a été le plus chantée, on compte près de dix refrains à sa gloire, dont la moitié porte le même titre : « Allez les Verts ». Le RC Lens et l'OM ont eu droit à cinq « hommages », puis viennent Bastia et le PSG avec deux titres en leur honneur. Ce classement serait presque sans fin si nous devions lister les clubs dont au moins une chanson existe à leur gloire : globalement, chaque club pro a eu droit à son *tribute*.

Il convient tout de même de s'arrêter sur une pépite *made in France* composée par un artiste singulier, Philippe Katerine.

« 85 Rouge et Noir »

En 2018, le club vendéen Les Herbiers réussit un parcours hors norme en Coupe de France. L'équipe, qui évolue en National, s'incline en finale face au PSG, 0-2.

Mais avant cela, il y a eu le renfort de Philippe Katerine qui adoooooore le foot ! Juste avant la demi-finale qui oppose les Vendéens au FC Chambly, Katerine enregistre un titre en soutien au club. Originaire de Chantonnay, non loin des Herbiers, il invite même huit cents personnes au stade municipal pour tourner aux côtés du rappeur MC Circulaire et des joueurs de l'équipe première le clip de cette chanson pas comme les autres. C'est à la suite d'un pari avec des amis que Philippe Katerine a décidé, en une nuit, d'écrire « 85 Rouge et Noir ». « On les attendait pas à ce niveau-là/ Comme des Écossais, ils n'ont jamais baissé les bras/ As-tu déjà fait partie d'une équipe ?/ C'est fantastique ! »

Fantaisiste et décalé, le titre vaut le détour. Le *must* de cette histoire, c'est qu'au moment de la demi-finale, Francis Lalanne a été missionné pour répondre en chanson à Katerine et a donc composé sur l'air de son tube « La Maison du bonheur » une ode à Chambly. « À Chambly, on se bat jusqu'à la fin/ À Chambly, on lâche rien. »

Lalanne, qui a été président du club de Fresnoy-le-Grand, n'a aucune attache avec Chambly, mais soutenir l'un des deux petits poucets de la Coupe de France, il n'a pas pu s'en empêcher, le bougre… Résultat, Les Herbiers ont éliminé Chambly 2-0. Fallait pas l'inviter.

Dans la nouvelle génération d'artistes français, il en est un qui a, comme Katerine ou Lalanne, un amour pour les « petites » équipes, ces clubs qui ne font pas la une de *L'Équipe* mais qui entrent sur la pelouse le couteau entre les dents. Il s'appelle Hervé, comme Vilard ou Revelli. Mais il est quand même beaucoup plus jeune…

HERVÉ

« À quel moment le foot est entré dans ta vie ?

France 1998. J'ai sept ans, et déjà, toute ma famille est fan du FC Lorient, mes cousins jouent au football à un bon niveau et je partage mon temps entre la Bretagne et la banlieue parisienne. J'ai encore des images en tête de cette Coupe du monde, elles resteront gravées à jamais.

Zidane, c'est le GOAT pour toi ?

Oui, en 1998, il est sur le toit du monde, et musicalement, nous, les Français, en 1998, on est aussi au top, avec le 113, que j'écoutais beaucoup, et toute la *French Touch* qui cartonne dans le monde entier. C'est une super période !

Ton label s'appelle Mélancolie F.C. Tu le gères comme une équipe de foot ?

Oui, c'est un peu une vie d'équipe de foot, notamment dès que l'on part en tournée. Dans les loges, avant et après le show, ça sent le camphre comme dans un vestiaire, puis sur scène je me donne à fond comme un footballeur le ferait ! Il y a aussi les voyages en bus, de ville en ville, c'est assez similaire à la vie d'équipe de foot, finalement ! Partout où je joue, dès que je peux, je porte sur scène le maillot du club phare de la région, et je les collectionne. Je n'en achète plus sinon je ne m'arrête pas, j'en ai cent cinquante aujourd'hui.

Parle-moi des chansons de stades que tu aimes...

Je suis déjà allé à Anfield, donc "You'll Never Walk Alone", ça me parle. J'aime beaucoup "Les Corons" aussi, à Lens, c'est quelque chose ! J'aime aller dans tous les stades, dès que possible, pour entendre comment les supporters détournent les tubes. Je me suis pas mal rendu en Angleterre notamment, c'est incroyable là-bas, tu sais qu'il y a un match dès que tu sors de chez toi, il y a quelque chose de très spécial dans l'air les jours de match.

Au sujet de l'Angleterre, parle-moi de Cantona...

Je l'adore, je le trouve super pertinent dans tout ce qu'il dit et entreprend, et c'est là-bas, en Angleterre, que j'ai compris à quel point il était puissant, légendaire. J'aime la façon dont il a arrêté, à trente et un ans, au sommet de sa gloire, en disant publiquement "Je n'aime plus assez le foot, j'arrête", c'est courageux ! Il n'est pas allé jouer en MLS ou en Chine, il a arrêté au sommet. Cantona est un artiste. Aujourd'hui, on est dans l'ère de la data, mais moi, je préfère le football plus romantique, et Cantona, c'est ça, pour moi.

Tu regardes des matchs aujourd'hui ?

Oui, je m'ennuie un peu, je t'avoue, les jeux proposés par Guardiola, Klopp, Ancelotti, j'aime moins que ce qui se faisait avant. J'ai quand même l'impression que ça jouait plus avant, mais je fantasme peut-être le foot des années quatre-vingt car je n'étais pas là, et je sais bien que, clairement, un joueur des années quatre-vingt ne tiendrait pas vingt minutes en Champions League aujourd'hui !

Tu n'as pour l'instant pas fait de chanson à la gloire d'un joueur ou d'un club...

Non, je ne sais pas si j'en serais capable, mais j'ai un morceau qui s'appelle "D'où je viens", et l'équipe de Vannes, en rugby, en a fait récemment une espèce d'hymne officieux pour les supporters du club. Ça, c'est super, car cela reste spontané. Mais écrire spécialement pour un joueur ou une équipe, je ne m'en sens pas capable.

Pourtant, tu as écrit pour Johnny, un monstre ! Qui lui-même a chanté pour les Bleus en 2010 !

On a fait la pire Coupe du monde de l'histoire ensuite, mais la chanson n'y est pour rien !

Tu supportes qui maintenant ?

J'ai toujours supporté le FC Lorient et le PSG, et si un match les oppose, je ne peux pas le regarder, ce n'est pas possible pour moi. Trop difficile. Trop d'émotions.

Tu as déjà pleuré pour un match de foot ?

Pas loin ! *(Rires)* J'ai pris des coups avec le PSG, je suis fan de Paris depuis longtemps maintenant, et à l'époque on prenait des 4-0 à la pelle, donc c'était difficile, puis il y a eu la remontada… Je pense aussi au France-Argentine en finale de Coupe du monde. Horrible. Arrêtons d'en parler, sinon je vais vraiment me sentir mal ! »

PENDANT QUE LES CHANTS BRULENT

Les chants de stade peuvent paraître légers, stupides même, mais derrière leur apparente innocence se cachent parfois des revendications autrement plus sérieuses. Chanter ses couleurs, c'est aussi défendre son territoire, ses origines. Les chants sont donc une façon de raconter son histoire. Au Parc des Princes, au début des années quatre-vingt, on reprend ainsi des classiques de cabarets montmartrois puis le célèbre « Milord » de Piaf, des titres s'inscrivant dans la grande tradition du music-hall parisien. C'est à peu près le même constat à Marseille, où les chants traditionnels provençaux sont encore scandés par les supporters de l'OM, comme « La Marcho di Rèi », « La Coupo Santo ». Et puis « Fanny de Laninon » – un chant de marins que l'on entend à Brest – ou « Se Canto », l'hymne des Occitans cher aux Toulousains. Oui, un supporter est fier de ses origines et, de fait, honnit l'ennemi, le visiteur, l'intrus. Dis-moi ce que tu chantes, je te dirai qui tu hais.

À base de « on est chez nous » scandés haut et le plus fort possible, les supporters qui jouent à domicile ont toujours un besoin de rappeler au visiteur qu'il reste un étranger. Sous-entendu : « Ici, c'est pas toi qui commandes. » Dans un stade, entre supporters, c'est celui qui crie le plus fort qui fait la loi. Puis, pas peu fier d'avoir éteint son adversaire, le supporter entonne un chant fameux, scandé chaque week-end en tribunes partout en France : « Et ils sont où, et ils sont où… » Passons sur les noms d'oiseaux que l'on entend résonner dans les tribunes et reconnaissons qu'il n'est pas glorieux que des milliers de personnes trouvent ok, aujourd'hui encore, de saluer d'une seule voix le dégagement du gardien adverse par un « oh hisse enc… ». Non, le monde moderne n'a pas besoin de ça : on a déjà les claquettes-chaussettes et les sacs banane, ça va comme ça !

Le code du sport punit « le fait de provoquer, par quelque moyen que ce soit, des spectateurs à la haine ou à la violence à l'égard de l'arbitre, d'un juge sportif, d'un joueur ou de toute autre personne ou groupe de personnes » (loi n° 93-1282 du 6 décembre 1993). Mais le supporter, quand il agit en bande, n'a que faire des codes, règles, lois… Les foules peuvent ainsi scander des chants racistes ou homophobes sans qu'il soit possible d'en punir chacun des acteurs. Mais les foules ont aussi compris que, dans un stade, l'union fait la force. Les chants qui y sont scandés peuvent donc être politiques, la manifestation d'une révolte. Le chant collectif, c'est la voix d'un peuple qui gronde. Ainsi, dans l'histoire récente, les stades ont été les théâtres idéaux pour dénoncer les dictatures et les inégalités.

En Algérie, en février 2019, la protestation contre le régime de Bouteflika ne faiblit pas. Et c'est dans les stades que les voix de la contestation se font le plus entendre. Au cœur de l'enceinte du stade Omar-Hamadi d'Alger, où évolue l'Union sportive de la médina d'Alger, le public entonne régulièrement un hymne de contestation : « La Casa del Mouradia ». El Mouradia, c'est le palais présidentiel, décrit comme l'épicentre d'un système mafieux. Le titre fait référence à la série qui cartonne alors sur Netflix, *La Casa de papel*. Écrite par le groupe de supporters Ouled El Bahdja, cette chanson revient sur les différents mandats de Bouteflika. Ce chant contestataire va connaître un succès sans précédent et quitter le stade pour s'inviter dans les rues d'Alger, notamment lors de la première marche pacifique contre le régime, le 22 février 2019. Quarante jours plus tard, Bouteflika annonce sa démission.

En Algérie, les chants de stade font partie de la tradition, mais, depuis une bonne dizaine d'années, ceux-ci se sont multipliés : le peuple algérien a bien compris qu'on ne peut empêcher une foule de trente mille personnes de crier ce que bon lui chante. On ne compte plus les refrains contestataires au sein des stades algériens. Les Chnawa – c'est ainsi que l'on surnomme les supporters du Mouloudia Club d'Alger – ont même créé un groupe, Torino Palermo, qui invente des chants régulièrement repris par tout le stade. Avec le collectif Ouled El Bahdja, l'artiste Soolking a quant à lui interprété en duo « Liberté », un titre visionné près de quatre cents millions de fois sur YouTube !

En Argentine, la patrie de deux des plus grands génies de l'histoire du foot, Messi et Maradona, on ne se prive pas pour s'insurger en chansons. Les stades sont des cathédrales, le football une religion. Rien qu'à Buenos Aires, il existe trente-six stades capables d'accueillir plus de dix mille personnes ! Dès 1955, les supporters de Boca Juniors entonnent une parodie de « La Marcha Peronista » pour dénoncer la dictature. Puis, au fil des années, les paroles se durcissent, traitant de thèmes de plus en plus violents. On s'y révolte au son de la cumbia, au rythme de la murga, ce tempo carnavalesque composé de tambours et de trompettes.

Les stades sont donc un lieu de revendication là où la liberté d'expression n'existe que modérément. En France, c'est bien plus dans la rue que dans les stades qu'on a la chance de pouvoir exprimer haut et fort ses opinions à caractère politique. Que pourrait-on revendiquer dans une enceinte française : « On veut des Twix en vente à la buvette ? Le port du maillot dans le short ? » Personnellement, je suis prêt à m'engager pour l'arrêt des « voilà » intempestifs lâchés par les joueurs dans les interviews d'après-match…

Magyd, leader du groupe Zebda, n'a pas chanté que « Tomber la chemise ». L'œuvre du chanteur toulousain est truffée de paroles aux allures de messages politiques. Quoi de plus normal, donc, de lui donner ici la parole ! Voici un petit tour de Magyd…

MAGYD CHERFI

« Le foot et toi, ça a commencé comment ?

Dès la maternelle, je courais derrière un ballon après 17 heures, rue Raphaël, au quartier des Izards, à Toulouse. On organisait des tournois avec les quartiers voisins, on achetait tous des gâteaux, des bouteilles de jus de fruits, et le vainqueur remportait le lot !

Tu gagnais souvent ?

J'étais un peu grassouillet, pas bon techniquement, j'étais surtout remplaçant. J'adorais jouer, mais j'étais mauvais, que veux-tu ! Les rois du terrain, c'était ceux qui savaient dribbler, ceux qui marquaient. Les autres, on était des bœufs au service du buteur.

Aujourd'hui, c'est plus que jamais la performance individuelle qu'on valorise, ça n'a pas beaucoup changé...

Oui, mais pour moi, le football, c'est avant tout la qualité intrinsèque de chacun qui doit primer et être complémentaire avec les autres. Le football que j'ai connu quand j'étais enfant, c'était un football de barbare : soit tu es bon, soit tu dégages !

Je précise quand même qu'après, vers dix-huit ans, je suis devenu un footballeur plus correct, je jouais arrière droit, mais j'étais quand même remplaçant le plus souvent !

Quel est ton premier souvenir de spectateur ?

L'épopée stéphanoise, je devais avoir douze ans et je me souviens de ma mère, qui ne comprenait pas qu'on pète les plombs pour un ballon rond. Ce sont mes premières émotions footballistiques, avec les frères Revelli, Hervé et Patrick, puis le casseur de jambes, Oswaldo Piazza *(rires)*.

Il avait de la grâce !

Oui, il était très beau, c'était une sorte de mannequin immense, il était à la fois Du Guesclin et mannequin, il avait une grâce incroyable et une férocité dingue. J'ai aimé cette épopée verte. Il y a eu aussi, pour moi, France-RFA en 1982, j'ai carrément arrêté de regarder du foot pendant quelque temps après, c'était trop douloureux. Je vis les choses de manière très patriotique, et c'était une charge émotionnelle trop forte pour moi.

Tu ne plaisantes pas avec le football !

Malheureusement, le football est aussi quelque chose d'assez décevant de manière idéologique, j'ai même écrit un texte qui s'appelle "Le football est à droite". Au lieu de promouvoir des idées progressistes et de porter des valeurs de gauche, le foot fait le contraire, hormis en France lors de la Coupe du monde 1998, mais c'était un accident multiculturel. Les joueurs, à part Lilian Thuram, n'ont pas porté de message...

Zidane aurait pu ?

J'aurais aimé qu'il dise : "Regardez ce qu'on a fait des enfants des quartiers, pourquoi au bout de quatre-vingts ans ils sont encore les étrangers d'une France tricolore ?" J'aurais aimé qu'il brandisse la carte de séjour de son père et dise : "Regardez, il n'est même pas français !" Il est génial, Zidane, mais c'est une faillite intellectuelle.

Et Mbappé ?

Je ne lui en veux pas, mais j'attends plutôt un Maradona dans l'esprit qu'un Mbappé, j'aimerais quelqu'un qui a la misère dans la peau. Ça, c'est touchant. C'est émouvant de voir un joueur comme Maradona, un millionnaire un peu voyou, tendre le bras vers la misère, en disant : "Je préfère les pauvres." C'est plus émouvant.

Tu as écrit une chanson, "Cameroun", qui va dans ce sens.

Je propose dans ce texte un football de gauche, généreux, partageur, progressiste, féministe, antiraciste. J'ai écrit ce texte comme on fait un rêve ! J'en ai écrit d'autres, comme ce texte sur la Coupe Gambardella car c'est la coupe qui donne la chance aux plus faibles et offre à tous la possibilité d'aller au sommet. J'aime quand le petit mange le grand, c'est un rêve de gauchiste, c'est illusoire, bien entendu, on sait que quand on a trop de lacunes, on ne peut pas s'élever, mais c'est beau de rêver !

Le problème, c'est que, quand le petit mange trop souvent les grands, il prend les défauts des grands...

Absolument ! C'est probablement juste une illusion de penser que le petit est plus vertueux que le grand.

Si tu devais écrire sur un joueur ou un club aujourd'hui, ce serait sur qui ?

J'aimerais chanter un footballeur qui déclare publiquement soutenir Mélenchon !

Il serait crédible ?

Non, mais ce serait beau. Trouve-m'en un qui dit : "Moi, je suis fier de payer beaucoup d'impôts, car il faut une démocratie, il faut un état de droit."

Les footballeurs, c'est plus un état de droite...

Ah ah, oui !

Ton rapport au football, aujourd'hui, c'est quoi ?

Je ne m'intéresse qu'au plus haut niveau... et j'ai fini par céder au PSG, au fric, car il y a des joueurs extraordinaires. J'ai beau me dire que ce sont les millions du Qatar, quand tu vois les joueurs qu'on a eus au PSG, Mbappé, Neymar, tu ne peux pas ne pas aimer et ne pas soutenir... Je suis pris dans ce paradoxe, mais un Mbappé mélenchoniste, ça reste mon rêve à moi ! »

LES DIEUX DU STADE

Que serait le football sans les joueurs ? Eh bien, un grand terrain avec deux cages vides et un ballon immobile au milieu… Ce serait un spectacle bien pénible, arty à souhait, certes, mais d'un chiant… Alors que si vous mettez vingt-deux acteurs en short sur le rectangle vert, vous pouvez assister au plus beau des spectacles ! Pour peu que l'un de ces vingt-deux gars soit un génie, alors là, c'est extatique…

Des offrandes musicales aux plus grands magiciens du football, il en existe des centaines et il serait laborieux, voire impossible, de toutes les citer. Concentrons-nous sur les plus réussies, car qu'y a-t-il de moins respectueux que de composer une chanson moyenne en hommage à une légende ? On n'imagine pas un témoin de mariage faire un discours et balancer que la mariée n'est pas si belle que ça ou que la pièce montée est au dessert ce que les magasins Action sont au luxe. Non, on ne l'imagine pas, et pourtant, bon nombre de chansons en hommage à des stars du ballon rond ont presque la saveur de l'insulte. Je ne dis pas que l'on ne va pas glisser dans ce prochain chapitre quelques pépites d'une grande « gênance », mais tâchons de rester dans l'acceptable, on parle quand même ici de légendes du foot !

Celui qui a le mieux été célébré est sans aucun doute Diego Maradona. Avec George Best, c'est clairement le joueur le plus rock'n'roll de l'histoire du football ! Ses excès en dehors du terrain feraient presque passer les frères Gallagher pour des enfants de chœur. Maradona, qui a inspiré des artistes dans le monde entier, a même posé en photo avec Freddie Mercury lors d'un concert de Queen en Argentine en 1981, arborant sur ce cliché historique un maillot floqué du drapeau britannique, pendant que Freddie s'exhibait avec celui de l'Argentine, un an à peine avant la guerre des Malouines ! Sur les clichés, Diego sourit, libre dans sa tête. La musique et Diego, c'est une grande histoire d'amour.

De la Mano Negra à Benjamin Biolay, célébrons maintenant saint Maradona.

« Santa Maradona »

Depuis son plus jeune âge, Manu Chao, leader de la Mano, est un gamin dévoré par la passion du football. C'est donc naturellement qu'il écrit « Santa Maradona (Larchuma Football Club) », sorti en 1994 sur *Casa Babylon* et qui sera, on l'ignore encore, le dernier album de Mano Negra. Le morceau est un hommage au « Pibe de Oro », qui est alors sur le point de réaliser un ahurissant *come-back* lors de la Coupe du monde 1994 aux États-Unis. C'est dans ce contexte que sort « Santa Maradona », un titre plus agressif qu'un tacle de Carlos Mozer et qui dénonce entre les lignes le virage du fric et de la violence pris par le merveilleux monde du ballon rond. Le titre en appelle à Maradona pour tenter de sauver l'insauvable. Certes, Diego aurait dû commencer par se sauver lui-même, car cette Coupe du monde 1994 sera sa dernière partition. Après deux matchs seulement, on découvre des traces d'éphédrine dans ses urines… Dommage pour Diego qui, en temps normal, n'est pas du genre à en laisser, des traces. Expulsé comme un malpropre de la World Cup 94, il sera à nouveau contrôlé positif en 1997, à Boca Juniors, puis prendra sa retraite après avoir décidément beaucoup trop flirté avec la ligne blanche.

« La Vida Tómbola »

2004. Dix ans après « Santa Maradona », Manu Chao reçoit un appel du réalisateur serbe Emir Kusturica qui s'apprête à réaliser un documentaire sur Diego. « J'aimerais bien utiliser ta chanson "Santa Maradona" dans mon doc ! » Mais Manu, il est pas super d'accord… D'autant qu'il est – heureux hasard – en train d'écrire un nouveau *tribute* au numéro 10 argentin : « La Vida Tómbola ». Manu propose donc cette création à Emir, qui ne prend même pas la peine d'écouter la cassette. « Rien à faire », lui rétorque Emir. « Je veux "Santa Maradona", et puis c'est tout. » Quelques mois plus tard – c'est en tout cas ce que raconte la légende –, dans une station-service de Mar del Plata, en Argentine, Manu Chao croise par hasard Emir en train de faire le plein. « Super », a dû se dire Manu qui, *manu militari*, s'empresse de prendre sa guitare pour jouer en live à Kusturica sa « Vida Tómbola » dont le Serbe n'avait jusqu'alors que faire. Finalement séduit par la nouvelle composition de l'ex-Mano, Emir décide de conclure son documentaire par « La Vida Tómbola ».

« La Mano de Dios »

Sorti en 1987, c'est peut-être le *track* le plus connu de tous ceux qui célèbrent le Pibe de Oro. On peut d'ailleurs voir Maradona chanter « La Mano de Dios » dans le documentaire de Kusturica. Interprété par Rodrigo Bueno, le titre fait référence à la fameuse main de Dieu, celle qui condamne l'Angleterre lors du Mondial 1986. La chanson retrace le parcours de Maradona, de son extrême pauvreté à sa gloire planétaire. Diego aimait profondément cette chanson qu'il ne rechignait pas à interpréter à la moindre occasion, en famille ou dans les clubs qu'il fréquentait, je parle ici des boîtes de nuit dont il était friand, pas du Napoli ou du Barça !

« Maradona è Meglio 'e Pelé »

À Naples, où Maradona est un dieu, il existe une bonne douzaine de chants à la gloire de Diego. Parmi ceux-ci, le très provocateur « Maradona è Meglio 'e Pelé », comprenez « Maradona est meilleur que Pelé ». Ce qui pourrait donner matière à débat, je suis plutôt team Diego personnellement, ce qui ne m'empêchera pas de vanter dans le prochain chapitre les talents de chanteur du numéro 10 brésilien. « Maradona, maintenant que tu es ici, s'il te plaît, efface toute la honte de cette ville », dit la chanson « Maradona è Meglio 'e Pelé ». « Maradona, tu ne peux pas échouer. Pour nous, tu es frère, père et mère. Nous sommes entre tes mains. » Le genre de texte que les disciples de Raël auraient pu écrire à la gloire de leur gourou. Raël, pour la petite histoire, a chanté lui aussi. Son titre phare, « Sacrée sale gueule », contrairement aux apparences, n'est pas un *tribute* à Carles Puyol.

« Maradona »

En toute simplicité, Linda de Suza, célèbre chanteuse d'origine portugaise disparue en 2022, a elle aussi vanté les mérites du numéro 10 argentin. « Maradona », sortie en 1987, raconte la fascination d'un enfant pour Diego. Un titre étrangement très proche, dans sa mélodie, du mémorable « Quand je vois tes yeux » du bien nommé Dany Brillant. Voilà, c'était M'sieur Patel, c'était pour dire… euh rien du tout. Enfin si, juste ça. Citer l'ami Dany dans cet ouvrage figurait dans ma *to do list* : *done* !

« Borges Futbol Club »

Pour la route et pour compléter le dossier Maradona, notons l'évocation de l'idole dans le titre « Borges Futbol Club » de Benjamin Biolay. Amoureux fou de l'Argentine – et de Gabriela Sabatini –, Biolay a publié en 2016 l'album *Palermo Hollywood*, du nom d'un quartier de Buenos Aires. Il s'est même installé là-bas quelques mois et, en bon fan de foot, n'a jamais manqué le Superclásico entre Boca Juniors et River Plate. « Le foot, c'est une religion ici. Je crois que tu n'as jamais vraiment vu de match tant que tu n'en as pas fait l'expérience ici. Barcelone, c'est rien à côté. Ici, tout le monde se retrouve au stade et les tambours commencent à jouer deux heures avant. Ça monte, ça monte, y a une électricité de dingue.[4] »

Quand on évoque Maradona, Messi n'est jamais bien loin. Le septuple Ballon d'or est cité dans près de cinq cent soixante chansons, deux fois plus que Diego ! Mais force est de constater que les refrains les plus célèbres sont ceux qui ont été écrits en hommage à Maradona. « La Pulga » peut tout de même se vanter de compter la chanteuse Adele parmi ses fans, elle lui a même lâché un « I love you, Messi » sur scène à Vegas. Ce que l'on

4. *Les Inrockuptibles*, avril 2016.

sait sur le rapport de Messi à la musique, c'est ce qu'il écoute dans son casque avant les matchs. Il l'a révélé en créant une playlist *warm up* pour Apple Music : Drake, Rick Ross, U2, AC/DC, Coldplay, Gorillaz, Rihanna… Une sacrée équipe de numéros 10 de la musique !

« Numéro 10 »

Sortie en 1998, « Numéro 10 », signée Tom Novembre et Charlélie Couture, célèbre Michel Platini. Nancéiens comme Michel, les deux artistes ont chanté Platoche dans « Numéro 10 », un titre difficile à trouver, figurant sur la compilation *Amour foot* publiée par *Libération* à l'occasion de la Coupe du monde 1998. Le quotidien avait demandé à des artistes de la scène rock de composer une chanson célébrant leur passion pour le foot. On y retrouve également le pas toujours joyeux mais regretté Jean-Louis Murat fêtant Michel Platini dans « Achille à Mexico », titre aux allures de calembour à la Laurent Ruquier, puisqu'il fait référence à la blessure au talon du numéro 10 français au cours de la Coupe du monde 1986, blessure qui handicapa Platoche durant le reste de la compétition. Précision : les titres « Argent trop cher » (Téléphone) et « Money for Nothing » (Dire Straits) n'ont pas été écrites pour Michel. « Michel, l'é innocent ! » aurait même déclaré Murielle Bolle à propos de l'affaire de l'UEFA, mais cette information reste à vérifier, comme les comptes de l'instance européenne, d'ailleurs, ce ne serait pas une mauvaise idée…

« Zinedine »

Les plus grands numéros 10 ont été chantés, et bien entendu Zizou a eu droit à quelques refrains. À commencer par celui signé Pascal Obispo. « Allez Zinedine/ Comme quoi les hommes rêvent encore/ Allez Zinedine/ Comme quoi tout espoir n'est pas mort. » Le texte, écrit par Lionel Florence (« Lucie », « Savoir aimer », « Ma liberté de penser »…), évite les poncifs footballistiques et privilégie une évocation douce du prénom Zinedine, mais il est évident que Pascal Obispo, d'origine bordelaise et fan de l'ex-Girondin, souhaitait ici fêter l'ancien Marine et Blanc. Le titre, sorti en 2004, a connu un joli succès, moins grand cependant que « Mourir demain » et « Fan », autres extraits de l'album sur lequel on peut toujours écouter le titre « Zinedine ». À noter par ailleurs qu'Obispo a également fait chanter Zidane en faveur de la lutte contre le sida dans le titre « Love United ». Mieux encore, il a réuni au total plus de soixante footballeurs sur cette chanson, de Figo à Roberto Carlos en passant par Thierry Henry, Robert Pirès ou Fabien Barthez.

PASCAL OBISPO

« Pascal, quel est ton premier souvenir de football ?

Mon père était footballeur aux Girondins de Bordeaux. Mes premières images de foot, c'est lui qui rapporte des ballons et des maillots à la maison. J'étais petit quand il a arrêté sa carrière, mais, en tant qu'ancien Girondin, il jouait avec les Polymusclés et, en 1973, il avait participé à l'organisation du match opposant les Girondins au Santos de Pelé. J'étais là et je me souviens d'avoir rencontré Jean-Paul Belmondo qui jouait gardien ! Puis est arrivée la Coupe du monde 1974, et j'ai découvert Johan Cruyff dont mon père était fan. J'ai toujours mon album Panini de 1974 avec l'équipe de Hollande, et j'ai récupéré quatre maillots de Cruyff pour ma collection ! Moi, je n'étais pas Maradona, je n'étais pas Pelé, j'étais génération Cruyff, j'avais neuf ans en 1974. Ensuite, j'ai vécu l'épopée des Verts, les premiers Téléfoot avec Pierre Cangioni, puis Bastia avec Claude Papi, Orlanducci, De Zerbi… En parallèle, j'ai toujours suivi les Girondins. Il se trouve que mon père a travaillé dans une banque après sa carrière de footballeur, et c'est lui qui a ouvert le premier compte d'Alain Giresse, que j'ai donc pas mal vu quand j'étais petit et qui est resté un ami.

Tu as aussi bien connu d'autres Girondins, ceux de l'épopée de 1996 avec la remontada contre l'AC Milan.

Oui, Lizarazu, Duga et Zizou, sur lequel j'ai fait une chanson. J'ai sorti la chanson "Fan", qui a bien marché, en 2003 et j'ai donc décidé de faire tout un album qui évoque ceux et celles dont j'étais fan, d'où la chanson "Zinedine".

Zidane l'a écoutée ?

Je lui avais fait passer un CD, oui. Il était fier ! Puis, juste après, on a fait la campagne "Love United".

Soixante-trois footballeurs qui chantent sur un seul titre pour la lutte contre le sida : il faut être sacrément courageux pour se lancer dans la production d'un tel barnum !

J'ai profité du fait que je connaissais quelques footballeurs, notamment Bixente et Zizou, qui jouait au Real Madrid. Ils ont aimé mon idée, donc j'ai pu aller les rencontrer et les enregistrer au Bayern, à Madrid... J'ai eu Zizou, Makélélé, Figo, puis, à Manchester, Blanc, Barthez. Ça a été une belle expérience.

Tu as aussi vécu la Coupe du monde 1998 de très près avec Fabien Barthez !

Après la finale au Stade de France, je me suis mis en bas des tribunes, Fabien m'a dit "Viens, descends sur la pelouse", on n'avait pas le droit, mais je l'ai fait quand même, j'ai une photo qui immortalise ce moment inoubliable.

Parlons de ta collection de maillots, sûrement l'une des plus belles de France !

Mes maillots de Cruyff ont une importance particulière à mes yeux, surtout celui de Barcelone où il portait le numéro 9. J'ai aussi un maillot dédicacé de Kopa que j'ai pu avoir peu de temps avant sa mort, et celui de Just Fontaine qui m'a signé un vieux maillot de l'équipe de France. Puis Platini, Zizou, Beckenbauer, Gerd Müller... Grâce à Lucas Digne, j'ai pu aussi avoir un maillot de Messi au Barça. Aux Restos du cœur, j'ai récupéré un maillot signé de Zlatan... Récemment, j'ai eu Vinicius, Haaland... J'ai cent cinquante maillots. Le dernier que j'ai demandé, c'est le maillot de Luis Enrique. J'ai la double nationalité, j'ai mes deux passeports, donc je suis aussi supporter de l'Espagne. C'est mon sang. Dernièrement, j'ai vu un documentaire sur Luis Enrique, et, franchement, je rêverais de le rencontrer et de lui dire simplement : "Merci d'être l'humain que vous êtes."

Quelles correspondances vois-tu entre un footballeur et un artiste ?

Je vais te dire quelque chose de très personnel : quand je compose, la plupart du temps, je mets un écran avec du football, sans mettre forcément de son. Pour moi, le football, c'est la vie, c'est de l'énergie, ça me booste, et je trouve qu'il y a quelque chose de l'ordre de l'immortalité dans le football. Un joueur qui se blesse est remplacé, un joueur qui change de club est remplacé, une équipe qui descend peut remonter, et ce truc immortel, cette énergie brute, me porte quand je fais de la musique.

Parlons des entrées en scène. Ça aussi, c'est quelque chose que les artistes partagent avec les footballeurs ?

Quand j'entends le public crier avant d'entrer en scène, c'est vrai que cela procure une certaine adrénaline, mais, à la différence des footballeurs, nous, ensuite, on doit faire passer une émotion liée à une correspondance car le spectateur vient chercher à travers nos chansons des instants qui vont lui rappeler plein de souvenirs de sa propre vie. On correspond à l'ADN de la vie de quelqu'un, nous ne sommes pas là pour gagner quelque chose, il faut juste confirmer que nous sommes bien liés, le public et nous. Quand je débute un concert, c'est cela que j'ai à l'esprit, je sais que les gens dans la salle veulent ressentir des émotions. Le foot, c'est un peu différent. On vient en tant que supporter car on soutient un maillot, une équipe, une ville, une région, un pays. On cherche à entrer en communion avec tout un stade, tout un peuple.

Le football d'aujourd'hui te plaît ?

On est toujours attaché à son club de cœur. Moi, ce sont les Girondins. Ça, c'est indéfectible, j'aimerai toujours le football pour ça, mais j'ai l'impression que le football a changé, c'est comme le monde de la musique aujourd'hui… Quand on commençait la musique à mon époque, on voulait appartenir à une famille. Moi, c'était celle des Cure, de Siouxsie, de Marquis de Sade, des Beatles… L'argent et la gloire, ça ne comptait pas, c'était la musique avant tout. Je trouve qu'aujourd'hui, dans la musique, c'est souvent d'abord l'argent, la gloire, et la musique vient après. Je fais un parallèle avec le football, où il y a moins l'amour du maillot. Il y a quelques années, Jean-Pierre Papin m'a raconté que, sur dix jeunes auxquels il avait demandé "Pourquoi vous voulez devenir footballeur ?", un seul avait répondu : "Pour l'amour du maillot." Les autres, c'était pour l'argent, la montre, la voiture, la gloire, quoi ! Le collectif en pâtit et, pour contrer ça, il faut des entraîneurs comme Luis Enrique ou des coachs à l'ancienne comme Gasset ou Guy Roux. Le collectif avec moins de vedettes sera beaucoup plus fort qu'une équipe basée sur un seul joueur. Bon, évidemment, si tu as Maradona…

Les victoires individuelles comptent moins que les victoires collectives ?

Ceux qui rêvent de Ballon d'or n'ont pas compris que c'est un sport collectif. Être un footballeur, ce n'est pas être en compétition avec d'autres footballeurs, c'est une aventure qui se partage. Je préfère ceux qui font la passe décisive à ceux qui marquent. On les aime, les buteurs, évidemment, mais j'aurai toujours plus d'affection pour celui qui fait la passe. Je trouve qu'avoir donné le Ballon d'or à Rodri, c'est un bon signal.

Un mot sur les Girondins ?

J'espère que Bordeaux sera repris par de vrais amoureux du foot ou en tout cas par des gens qui veulent reconstruire ce club, et non le laisser entre les mains de "charlots" comme c'était le cas avec Lopez, qui n'était là que pour faire de l'argent ! La moindre des choses quand on achète un club, c'est d'aller voir tout le monde, les différentes équipes, la réserve, les féminines… Ce mec-là n'est même pas allé voir les équipes de son club en arrivant, c'est un manque de respect ! Ce maillot des Girondins, c'est mon maillot, c'est le tien aussi, et ce gars n'a rien à faire dans ce club !

Ce livre sort le jour de tes soixante ans, que peut-on te souhaiter pour la suite ?

Tant qu'il y aura du football, je serai heureux. Tant que les mômes seront contents de taper dans un ballon et de marquer des buts, ça ira. C'est la plus belle chose qui soit, c'est du bonheur, c'est tout ce qu'on souhaite à la vie, finalement ! »

« Zidane y va marquer »

Signée Cauet, « Zidane y va marquer » est publiée en mai 2006, quelques semaines avant la Coupe du monde, celle des adieux de Zizou au football. Tout a commencé avec la chanson « Madan » de Martin Solveig et Salif Keïta, parue quatre ans avant que Cauet et sa bande de joyeux drilles n'aient la bonne idée d'en faire une parodie. Dans « Zidane y va marquer », il n'est pas seulement question du meneur de jeu des Bleus, on y cite à peu près tout l'effectif drivé par Raymond Domenech, qui lui aussi a eu droit à sa chanson, nous y reviendrons. « Eh, et si Rothen, il a pas été pris/ C'est qu'il a pas mouillé/ (Le maillot, le maillot)/ Chimbonda, il a été pris/ C'est pas grave qu'il a oublié/ Son maillot, de toute façon il va pas jouer. »

Au soir de la finale de la Coupe du monde, cette petite plaisanterie est en tête des ventes de disques en France et TF1 en a même fait son jingle de lancement publicitaire, bien que la qualité intrinsèque de ce morceau laisse, avouons-le, un peu à désirer. Ce qui va changer le destin de ce titre et de l'équipe de France, ce 9 juillet 2006, c'est le fameux coup de boule de Zidane. En effet, deux producteurs français, après l'avoir vu l'assener à Materazzi, vont avoir l'idée lumineuse de parodier « Zidane y va marquer » et de composer, de fait... une parodie d'une parodie ! Ils écrivent la chanson en trente minutes le soir même de la finale, l'envoient par mail à leurs meilleurs amis, qui la partagent sur les réseaux. Le titre devient viral sur les réseaux sociaux ainsi que dans les médias, et, en une semaine, il s'en vend soixante mille exemplaires. Les auteurs de ce coup de boule de génie ont affirmé avoir écrit cette chanson comme une « thérapie pour surmonter la déception provoquée par l'expulsion de Zidane et la défaite des Bleus aux penaltys ». Pour eux, ce fut un coup de bol, ce coup de boule !

Du coup de tête... aux fortes têtes !

Le rock aime les rebelles, qui le lui rendent bien. Logique, donc, que bon nombre de footballeurs au caractère bien trempé squattent des *tracks* plus ou moins remarquables ! Balotelli, pas le moins docile des footballeurs, est célébré en 2013 par le chanteur angevin Jann Halexander. Ce titre, « L'Italien », aux accents bréliens, met en exergue le fait que Balotelli fut, non sans subir le racisme, le premier joueur de couleur à évoluer sous le maillot de la Squadra Azzurra. « À slalomer entre les insultes et bravos/ À montrer son torse à la une des journaux/ À déranger les certitudes bien rangées/ Dans tant de p'tits cerveaux/ [...] Et l'Italien aux cheveux noirs comme sa peau/ Aux connards leur faisait mordre leurs chapeaux/ Il Signore faisait d'un but l'absolu/ Lui, grand roi des machos »... L'histoire ne dit pas ce qu'en a pensé Mario Balotelli, qui, de toute façon, donne surtout l'impression... de ne pas penser tout court.

Dans la famille Footballeur avec un grain de folie, Paul Gascoigne n'est pas mal dans son genre. Imaginez-vous une rencontre Balotelli-Gascoigne : il y a de fortes chances qu'ils se mettent sur la gueule en moins de quatre-vingt-dix minutes. Invitez également Roy Keane, Joey Barton et René Higuita, et vous obtiendrez une belle brochette de cintrés ! Et si on réunissait les footballeurs les plus dingos au sein de deux équipes de cinq joueurs chacune et qu'on les enfermait sur un terrain de foot à cinq jusqu'à épuisement ? Le dernier debout a gagné ! C'est un bon pitch de télé-réalité, ça, non ?

Paul Gascoigne a été beaucoup chanté dans les stades de Premier League, mais parmi tous ces chants à sa gloire, l'un d'entre eux a une histoire toute singulière. En 1990, devenu une star planétaire après le Mondial italien, « Gazza » est célébré par les fans de Tottenham à travers « Nice One Gazza », un chant déjà légendaire chez les Spurs. En effet, vingt ans plus tôt, le titre « Nice One Cyril » en hommage à l'ailier Cyril Knowles avait connu un joli succès. Les producteurs de ce titre ont donc exhumé leur création pour l'adapter à Gazza, non sans une certaine réussite. N'en doutons pas, Paul Gascoigne a dû apprécier et se resservir un petit verre pour fêter ça ! Gascoigne n'est pas le seul footballeur britannique à avoir connu quelques problèmes avec l'alcool. Tony Adams, l'ex-Gunner, a eu lui aussi un penchant notable pour la bouteille, et Joe Strummer, l'ex-Clash, en a même fait une chanson !

« Tony Adams »

En 1999, avec son groupe post-Clash, The Mescaleros, Joe Strummer publie « Tony Adams », un titre hommage au défenseur d'Arsenal. Strummer, qui a grandi au sein de la bourgeoisie britannique, détestait ses origines mais éprouvait une fascination pour ceux qui souffraient, les petites gens, les laissés-pour-compte. Et si Joe a célébré Tony, c'est parce qu'il a estimé que le solide numéro 6 d'Arsenal n'était pas considéré à sa juste valeur. « Personne dans ce foutu pays ne s'est levé quand on lui a refusé le brassard de capitaine de l'Angleterre alors qu'il gagnait son propre combat contre l'alcoolisme. Les gens pourraient imaginer que le foot est banal, mais parfois les choses banales sont importantes. Nous avons besoin de personnes comme Tony Adams. » La chanson sort même en single, marquant le grand retour de Joe Strummer qui n'avait rien enregistré depuis dix ans.

Strummer commet une autre chanson footballistique en 2001, « Shaktar Donetsk », un *tribute* au club ukrainien qui n'est pas encore un club de premier plan. Il y narre l'aventure d'un Macédonien qui tente de rejoindre clandestinement l'Angleterre avec une écharpe du Chakhtior Donetsk autour du cou. Une chanson qui ne donne pas envie de faire la chenille mais qui mérite toute notre attention.

En juin 2002, alors qu'Arsenal vient de réaliser un nouveau doublé Cup-Championnat, Tony Adams met fin à sa carrière de footballeur après avoir porté 669 fois le maillot des Gunners. Le 22 décembre de cette même année, Joe Strummer succombe à une crise cardiaque, à l'âge de 50 ans. Puisqu'il est question de l'un des Clash, parlons de Canto, le roi du clash !

« Cantona »

Éric Cantona est une rock star. Il en avait l'attitude et le comportement. Lui-même devenu chanteur, il a été célébré par Cali, en 2010 : « Je suis voûté sous cette longue nuit/ Quand j'étais vivant, je voulais pas ça/ Moi je voulais être Éric Cantona/ Et marquer ce but contre Sunderland (contre Sunderland)/ Et lever les bras. » Le but auquel Cali fait référence fut inscrit par Cantona le 21 décembre 1996. Parti du centre du terrain, le Mancunien termine son rush après un une-deux avec McClair par une balle piquée avant de célébrer son but non sans un certain panache et une incroyable nonchalance, col relevé, tel un gladiateur venu à bout de tous ses ennemis. Dans le *New York Times*, Cantona est revenu sur ce moment de légende : « Je n'avais jamais pensé avant que je célébrerais un but comme ça. Vous voyez certains joueurs qui célèbrent toujours de la même manière, mais un but est un moment unique. Je voulais laisser place à l'instinct. »

« Éric Cantona »

En 2017, le rappeur Lord Esperanza y va lui aussi de son *tribute* au numéro 7 de Manchester United. Se glissant dans la peau de Canto, il fait vivre l'enfer à ses adversaires. « Légitimité incontestable/ Tu m'vois comme le public voyait Cantona quitter le stade/ Piétinez-la, piétinez-la, piétinez la carrière de l'ennemi sur ces frontières délimitées/ Comment peux-tu vouloir *feater* le diable ? »

D'autres rappeurs comme Jul ou Lacrim se sont intéressés au cas Canto, mais Lord Esperanza a ceci de particulier qu'il est non seulement fan de Cantona, mais aussi de celui qui eut la lourde tâche de porter à Manchester United le mythique numéro 7 après le joueur formé à l'AJ Auxerre : David Beckham.

LORD ESPERANZA

Quel est ton premier souvenir de foot ?

La Coupe du monde 2006, avec évidemment ce final dramatique. Je me souviens du France-Brésil en quart de finale avec un Zidane stratosphérique. Mais avant 2006, je jouais déjà au football, et je continue, je suis latéral droit, et je joue dès que possible !

En tant que Parisien de naissance, tu vas au Parc des Princes ?

J'ai mis vingt-six ans avant d'y aller ! En revanche, depuis que j'ai découvert le Parc, j'y vais souvent. Ma famille n'avait pas trop la culture foot, mais gamin, j'étais malgré tout déjà fan de quelques joueurs, comme Pauleta et Ronaldinho. Mais ma génération, c'est CR7 et Messi. J'ai grandi avec cette excellence, énorme, incroyable, et je m'en rends d'autant plus compte aujourd'hui qu'ils ne jouent plus en Europe.

L'un des premiers maillots que tu as reçus, c'est celui de l'AC Milan...

Oui, c'était l'époque des Cafu, Nesta, Chevtchenko. Le maillot était très chic. Je trouve que les maillots italiens ont toujours ce petit supplément d'âme. Ensuite, je suis tombé amoureux du maillot du Real Madrid. C'est le plus grand club du monde, il y a quelque chose d'unique avec ce club. J'ai acheté récemment le maillot créé spécialement par Yamamoto car je suis quand même assez fan.

Ton idole est aussi un ex du Real, à tel point que, petit, tu voulais qu'on t'appelle David...

Ah ah, tu as déterré ça ! Oui, j'étais fan de Beckham. J'ai d'ailleurs adoré le documentaire le concernant sur Netflix.

Beckham, en plus, cumule foot et musique avec Victoria !

Les Spice Girls, c'était moins ma génération, mais je me souviens que ma sœur écoutait beaucoup. Puis ma mère suivait les actualités people et l'histoire d'amour entre Victoria et David, c'est comme ça que j'en ai entendu parler. Je pense d'ailleurs que les Kardashian *and Co* sont les héritières de Victoria, une reine de la communication.

Pourquoi Beckham ?

Il est béni des dieux, il est très beau, et c'est aussi un footballeur hors pair. Il y a également chez lui une dimension plus dramatique quand il joue pour l'équipe nationale, il a manqué ce penalty capital face au Portugal en 2004, en quart de finale de l'Euro, et je me souviens d'avoir été très marqué par ce moment.

Beckham ou Cantona ?

Beckham, c'est plus ma génération. Je connais la légende de Cantona, mais j'ai moins ce sentiment d'admiration que pour Beckham…

Et pourtant tu as fait une chanson qui s'appelle "Éric Cantona"…

C'est vrai, mais c'était pour la rime ! Mon idole reste Beckham.

Beckham, Cantona, ce sont quasiment des rock stars…

Oui, ça reste des personnalités uniques, même hors du terrain. Je suis toujours touché par ces chemins de vie, ces destins hors du commun qui font se lever les foules. J'ai essayé de suivre très modestement ce chemin-là dans mon métier, mais à leur niveau, cela doit être fou à vivre.

Justement, il y a des correspondances entre les artistes et les footballeurs. Entrer sur scène pour toi et dans un stade pour un footballeur, c'est assez similaire en définitive…

C'est une évidence. Historiquement, il y a les jeux du cirque, il fallait divertir le peuple, les gladiateurs donnaient leur sang… Nous, on vient juste procurer de l'évasion pendant deux heures. On donne du bonheur, et donc, effectivement, entre athlètes et créatifs, il y a de très nombreux parallèles. Pour les deux, si tu ne performes pas, personne ne va venir te voir. Il faut donc une rigueur énorme, une constance. Il y a aussi l'idée de s'inscrire dans une temporalité longue. Un gars comme Hatem Ben Arfa, par exemple, par un concours de circonstances, n'a pas réussi à devenir ce que tout le monde attendait qu'il devienne. Le talent seul ne suffit pas pour s'inscrire dans la durée. Entre artistes et sportifs, il y a cet enjeu de devoir durer. Et c'est rare de voir un artiste sortir quatre excellents albums d'affilée !

As-tu écouté Memphis Depay qui rappe ?

Oui, c'est pas mal ! Il est bien entouré. Il y a pas mal de rappeurs qui auraient pu être footballeurs, je pense entre autres à Sefyu. Pour toute une génération de jeunes des quartiers, le football et le rap restent un formidable ascenseur social. Le foot et le rap y créent du lien social, contrairement aux grandes villes où l'on ne connaît souvent même pas ses voisins ! Et puis on ne le dit pas assez, l'Île-de-France, à la fois dans le foot et la musique, est un formidable vivier de talents.

Tu as déclaré dans une interview : "Un stade de foot, c'est le seul endroit où les hommes s'autorisent à vivre pleinement leurs émotions, à faire un câlin à quelqu'un qu'ils ne connaissent pas, dans l'euphorie de l'instant..."

Oui, on a, en tant qu'hommes, cette difficulté à assumer notre vulnérabilité, et, à travers le foot et le sport plus généralement, les hommes s'autorisent à tout lâcher et à se jeter dans les bras les uns des autres, même dans les bras de gens que tu ne connais pas !

Le foot d'aujourd'hui, tu t'y reconnais ?

Je suis assez fasciné par les techniciens contemporains, Guardiola, Ancelotti, je les adore, c'est la culture de la gagne. Le Real, c'est la gagne à toutes les époques !

Penses-tu qu'un maillot peut faire gagner ?

C'est poétique d'y croire, c'est spirituel et je kiffe l'idée. Le talent s'exprime sur la pelouse, permet de s'autodépasser pour aller vers la victoire, et je crois en prime à cette forme d'aura autour d'un club, au maillot qui te transcende. À l'inverse, regarde les chats noirs comme le PSG en Champions League : on n'y arrive pas ! Et d'ailleurs, dans ton documentaire *Remontadas*, tu expliques la sidération des joueurs du PSG lors de la remontada contre Barcelone. On voit bien que le cerveau ne peut plus rien faire, les Parisiens sont en état de sidération, prisonniers de leurs émotions, et même si tu es un professionnel accompli, dans une telle situation, tu es perdu…

C'est quand, ton prochain match ?

Je joue demain et il me tarde d'enfiler mon short, comme il me tarde de donner mon prochain concert ! »

« Fio Maravilha »

15 janvier 1972. Stade Maracaña – au Brésil, naturellement, pas dans la ZUP de Quimper. Quarante-quatre mille spectateurs déchaînés assistent à la rencontre opposant le Benfica Lisbonne à Flamengo, match organisé dans le cadre d'un tournoi amical. L'opposition est plus serrée que le budget des Girondins de Bordeaux 2025, et Mário Zagallo, l'entraîneur de Flamengo, doit trouver fissa une solution pour débloquer la situation. C'est alors qu'il décide de faire entrer Fio Maravilha. Son surnom – Fio – vient

des encouragements nourris de sa mère pour son *filho* (fils) lors des séances d'entraînement. Sous les yeux de sa maman et du chanteur Jorge Ben Jor, Fio fait une entrée fracassante et, à dix minutes de la fin de la rencontre, prend le ballon, dribble deux défenseurs, contourne le gardien et s'en va inscrire le but de la victoire.

Jorge Ben Jor décide de raconter en chanson ce qu'il a vu ce 15 janvier. Ainsi naît « Fio Maravilha », un *track* qui détaille le but « céleste » inscrit par le joueur de Flamengo. La chanson devient un succès et permet à Maravilha d'entrer dans la légende. Footballeur moyen, décrit comme laid et dégingandé par la presse brésilienne, Fio finit sa carrière de joueur à San Francisco, avant de s'y installer et de devenir livreur de pizzas. Oui, Fio pue un peu la *lose*, certes, mais ne perd pas totalement le nord ! Sur la paille financièrement, il décide en 1975 d'attaquer en justice Jorge Ben Jor qui utilise son nom de façon illégale. Jorge Ben Jor, conciliant, change le titre de la chanson en « Filho Maravilha ». Pendant trente-deux ans, Fio a boudé ce titre le célébrant, avant de supplier en 2007 Jorge Ben Jor de redonner à sa création le titre original.

Ce *track* a fait le tour du monde. En France, c'est Nicoletta qui, en 1973, et sur un texte de Boris Bergman, en interprète l'adaptation. Il n'est ici plus question de football, mais de pauvreté et de samba. En 2024, c'est le collectif Bon Entendeur qui revisite le titre de Nicoletta en lui offrant un lifting bienvenu.

De son côté, Jorge Ben Jor a poursuivi sa carrière non sans fréquenter les tribunaux. Déjà, pour éviter toute confusion avec le chanteur américain George Benson, il se rebaptise Jorge Ben Jor (à la base, c'était Jorge Ben) puis attaque en justice un fan de foot comme lui, Rod Stewart, qui a purement et simplement plagié son titre « Taj Mahal » dans son tube « Da Ya Think I'm Sexy ? ». L'histoire est cocasse. En 1978, la planète est prise d'une fièvre disco, et Rod Stewart veut en être. En studio depuis quelques mois pour enregistrer son nouvel album, *Blondes Have More Fun*, ce bon Rod décide de s'offrir une pause et de s'envoler pour le Carnaval de Rio avec deux potes à lui, fans de foot aussi et à peine connus, Elton John et Freddie Mercury. Durant ce séjour que l'on imagine haut en couleur, la chanson de Jorge Ben Jor « Taj Mahal » est partout dans la ville. De retour en studio, et presque inconsciemment, Rod Stewart s'inspire fortement de « Taj Mahal » pour sa nouvelle création, qui va devenir l'un de ses plus grands succès. Entre bons fans de foot, Jorge Ben Jor et Rod Stewart ont trouvé un arrangement qui a mis tout le monde d'accord. Jorge Ben Jor n'en a véritablement jamais terminé avec le sport, puisqu'il a publié en 2006 *Football & Samba Groove Association*, un album sur lequel on retrouve toutes ses chansons inspirées par le football. Parmi elles, « Camisa 10 Da Gávea », un hommage à Zico publié en 1977 sans que le nom du footballeur soit jamais cité. Gentil mais pas totalement demeuré non plus, le Jorge… Comme Zico n'a rien dit, il publie ensuite « Falcão » en 1983, *tribute* assumé au milieu de terrain de la Roma et de la Seleção.

Les hommages aux footballeurs en chansons, on en recense une bonne centaine et, de la même manière que notre Dédé national qui doit faire des choix lorsqu'il s'agit de convoquer vingt-deux garçons à Clairefontaine pour un rassemblement, je me suis permis moi aussi de faire des choix parmi toutes ces odes aux footballeurs. Je n'en ai gardé que onze. Ce fut douloureux, presque comme une pubalgie… Presque. Voici la *Music & Football Tribute Team*.

Music & Football Tribute Team

Lev Yachine

Gérard Janvion, Patrick Battiston, Jean-Pierre Adams, Raymond Domenech

Roberto Baggio, Antoine Griezmann, Eden Hazard

George Best, Johnny Rep, Roger Milla

1 Lev Yachine : « Lev Yashin is USSR », du groupe La Lucha Libre, sortie en 2018, célèbre l'héritage du plus grand gardien de but de tous les temps et mentionne même d'autres gardiens de légende, comme Chilavert, Gordon Banks, Fabien Barthez, Oliver Kahn, en rappelant qu'aucun d'entre eux n'égalera jamais le grand Lev Yachine. « Vous pourrez stopper une panenka, mais jamais vous ne sauverez le monde comme l'a fait Lev Yachine. » On retrouve le gardien sur l'affiche officielle de la Coupe du monde 2018 organisée en Russie.

2 Gérard Janvion : Formé au milieu des années quatre-vingt-dix près d'Arras, le groupe Dead Rats puise son inspiration dans le punk anglais. Plus qu'un hommage au défenseur stéphanois, le *track* « Gérard Janvion » débute par le commentaire de Thierry Roland à Séville lors du dramatique France-RFA : « Et les Français qui sont pratiquement en finale de la Coupe du monde. » Raté, Thierry. Christian Lopez, autre défenseur mythique ayant sévi dans le Forez, est également cité, tout comme le plus malheureux de cette demi-finale de légende : Patrick Battiston.

5 Patrick Battiston : Yann Seul – un gars solo donc – rend un hommage bien singulier en 2010 à Patrick Battiston sur la compilation *Pop'n Foot*. Yann Seul a imaginé les mots qu'Harald Schumacher aurait pu ou dû adresser à Battiston après l'avoir agressé en mondovision ce soir de juillet 1982. Pas certain que Battiston ait apprécié, lui qui refuse la plupart du temps de revenir sur l'épisode de Séville. Ces quelques instants qui ont bouleversé la France ont également changé le cours de sa carrière et son existence. De cette soirée, il ne lui reste que quelques bribes de souvenirs, et des maux de tête qui ne le quitteront jamais. Ceux qui, comme moi, étaient encore gamins ce soir-là en sont restés traumatisés à tout jamais. Et s'il fallait choisir une chanson pour décrire ce que l'on ressent à l'évocation du « Boucher de Séville », Harald Schumacher, je choisirais « Y'a d'la haine » des Rita Mitsouko.

4 Jean-Pierre Adams : En 2020, le groupe brestois La Lucha Libre, deux ans après « Lev Yashin is USSR », récidive avec un titre hommage à Jean-Pierre Adams. Ce dernier, alors plongé dans le coma depuis trente-neuf ans, disparaît le 6 septembre 2021. La vie de l'ancien défenseur du PSG et de l'équipe de France bascule le 17 mars 1982. Opéré ce jour-là d'un tendon au genou, il est anesthésié par un stagiaire de l'hôpital, le personnel étant en grève. L'opération tourne au drame, Jean-Pierre Adams tombe dans le coma. Il n'en sortira jamais. C'est ce triste destin que les Brestois de La Lucha Libre ont mis en musique. Certes, on n'est pas dans une ambiance Carnaval de Rio, mais c'est beau… « They have forgotten you » sont les premières paroles de ce *track* chargé en émotions. Jean-Pierre n'a pas été tout à fait oublié et ce titre, soyons-en certains, a dû faire beaucoup de bien à… la famille Adams (il faut bien rire un peu).

3 Raymond Domenech : Longtemps, ce bon Raymond a été le Français le plus détesté de l'Hexagone. Bon nombre de rappeurs l'ont cité, souvent avec une certaine véhémence… « Fuck you, Fuck Raymond Domenech » – Booba dans « Caesar Palace » –, « Passez-moi une tondeuse que je rase les sourcils à Domenech » – 113 dans « Dinguerie ». On dit *de* Domenech et pas *à* Domenech, me semble-t-il, mais c'est un détail. Les sourcils de Raymond ont décidément été une source d'inspiration malheureusement dénuée de poésie : « On est pas des losers tah Domenech/ Diminue tes sourcils, pauvre mec » (Rohff dans « Fais-moi la passe »). La palme de la classe revient à La Fouine dans « Interlude : One Shot » avec ces paroles emplies d'amour et de bienveillance : "Va t'faire enculer, fils de pute, espèce d'ingrat/ Fais pas le Domenech, j'suis de Trappes comme Anelka. » Raymond Domenech a tout de même trouvé quelqu'un pour prendre sa défense. L'ex-Rita Mitsouko Catherine Ringer. En septembre 2009, Catherine met en ligne une chanson pour le moins inattendue – « Je kiffe Raymond » –, une ode à l'homme aux sourcils les plus commentés de France. « Son style, son ton, il est impecc', ce Domenech », entend-on dans ce *track* un brin lunaire. Catherine Ringer raconte en mars 2014 dans l'émission « Alcaline » qu'elle s'est sentie agacée, quatre ans plus tôt, de lire et d'entendre toute la rage exprimée à l'encontre du sélectionneur national. Pas fan de foot pour autant mais fan de Raymond, Catherine décide de prendre la défense de celui que toute la France (ou presque) déteste. Malgré une telle déclaration d'amour, Raymond n'a toujours pas, à ce jour, demandé la main de Catherine.

8 Roberto Baggio : D'un point de vue strictement footballistique, passer de Raymond à Roberto, c'est comme passer de Jul à Mozart. Miles Kane, génie de la musique britannique et moitié des excellents Last Shadow Puppets, a publié « Baggio » en 2023. Kane, alors qu'il n'a que huit ans, est très marqué par la Squadra Azzurra lors de la Coupe du monde 1994 et se souvient ici de la présence électrique et de l'allure du meneur de jeu italien. Cette passion pour Roberto ne l'a jamais vraiment quitté, il affirme même avoir été obsédé par lui pendant des années. « Baggio, tu me montrais le chemin à parcourir/ Quand je me sentais perdu et déprimé/ J'avais l'habitude de m'asseoir et de te regarder voler la vedette. » Roberto Baggio a même reçu Miles Kane chez lui, en Italie, la rencontre a été filmée et c'est un très joli moment à voir sans tarder sur YouTube.

7 **Antoine Griezmann :** « Grizou » fait partie des personnalités préférées des Français. C'est l'anti-Domenech. Lui, tout le monde l'adore ! Quelques rappeurs plus ou moins dispensables ont chanté le numéro 7 de l'Atlético, mais c'est le plutôt *catchy* « Antoine Griezmann » du groupe The Concept qu'il convient d'écouter. Nous sommes en 2016 et ces musiciens français croient déjà dur comme fer à Grizou alors qu'il n'est pas encore la star qu'il est devenue. « Antoine Griezmann, l'Europe entière te verra/ Comme Henry ou Zidane, car la victoire est en toi/ Antoine Griezmann, he's the man, yes he can. » Paroles quasi prophétiques deux ans avant la victoire en Coupe du monde. « Antoine Griezmann » est une *pop song* passée un peu inaperçue, ce n'est que justice de l'évoquer ici avec Nicolas Blanquie, chanteur du groupe.

THE CONCEPT

« Comment est né The Concept ?

The Concept, c'est d'abord une histoire d'amitié. On partage avec mon acolyte Bertrand Laborde une double passion pour la musique et le foot. On est originaires de Dax et, adolescents, on adorait Alain Giresse et Michel Platini. Dans les années quatre-vingt-dix, étudiants à Bordeaux, on a commencé à faire de la musique, et quand Fabien Barthez a signé à Manchester United, on avait déjà eu l'idée de faire une chanson sur lui. Célébrer un footballeur, on l'avait en tête depuis longtemps !

Vous aviez des références en matière de *tracks* sur le foot ?

New Order et leur titre "Word in Motion", on trouvait ça mortel. Je me souviens aussi d'un titre des Pogues en hommage à Jack Charlton, alors entraîneur de l'équipe d'Irlande. On se disait : "En France, personne ne chante le foot, pourquoi on ne s'y essaierait pas !" Mais Barthez a fait un four à Manchester, alors on a laissé tomber l'idée. Puis on a créé The Concept en 2010, et six ans plus tard, on voit Antoine Griezmann qui commence à percer, et je dis à Bertrand : "Et si on faisait avec Griezmann ce qu'on n'a pas fait avec Barthez ?" On avait une instru à la Happy Mondays, on l'a retravaillée un peu et on a enregistré le titre super vite, on a même fait un clip juste avant l'Euro 2016.

Pourquoi Antoine Griezmann ?

On adorait son charisme, sa personnalité, il avait un côté Beckham français. Beau gosse, sympa, super joueur et, à ce moment-là, c'était un gars émergent, donc on a pensé que c'était le joueur qu'il nous fallait ! Là où ça a commencé à prendre, c'est quand on a posté un extrait du titre sur Twitter. Jean-Daniel Beauvallet, journaliste aux *Inrocks*, nous a retweetés, on était super contents, alors on a nous aussi retweeté son tweet à différents journalistes, dont Raphaël Raymond, qui est aujourd'hui responsable des relations médias pour les Bleus, mais qui à l'époque bossait à *L'Équipe*. Il nous a contactés pendant l'Euro 2016, alors que "Grizou" n'était pas la star du moment chez les Bleus. Celui dont tout le monde parlait, c'était Payet.

Par chance, pendant le huitième de finale, Griezmann met un doublé au moment même où Raphaël Raymond fait un petit article sur le titre, et il y a eu clairement un effet boule de neige. Sur YouTube, le clip a commencé à cartonner, le JT de TF1 en a parlé… Le lendemain du match, pendant la conférence de presse de Griezmann, on l'a interrogé sur la chanson, et c'était parti !

Il l'a écoutée ?

Oui, on sait que sa sœur lui a fait écouter la chanson. Après l'Euro, ça s'est calmé. Mais c'était un peu notre quart d'heure de gloire à la Andy Warhol, on était juste un peu en avance, on aurait dû le sortir en 2018 ! Le petit regret, c'est qu'on n'a jamais rencontré Griezmann !

Si vous deviez refaire une chanson sur un footballeur aujourd'hui, ce serait qui ?

J'ai du mal à m'emballer sur les joueurs d'aujourd'hui. Il y a Kevin De Bruyne qu'on aime bien, ou Barcola, plus que Mbappé. C'est un joueur génial, Kylian Mbappé, mais c'est une multinationale… Donc Barcola, pourquoi pas ! »

10 Eden Hazard : Je vous voyais déjà feuilleter ce livre et vous étonner de l'absence du prodige belge. « Comment ça ? Il n'y a pas de Hazard ? » Si, il y a bien un *track* célébrant la facétieux Hazard, dont la carrière aurait été bien plus brillante si Eden n'était pas un enfer à manager. C'est un autre Belge, Marka, artiste de qualité et faiseur de stars puisqu'il est par ailleurs le père d'Angèle et Roméo Elvis, qui a chanté Hazard. C'est lors de l'annonce du transfert d'Eden de Chelsea à Madrid que Marka a l'idée de cette chanson. Il compose donc une ode à Eden, une rumba en espagnol, façon Julio Iglesias. « Un sourire permanent, la valeur des meilleurs/

Avec l'esprit conquérant, avec des courses, des buts et des passes/ Direction le Sud depuis le Nord pour pouvoir travailler/ Sans autre passeport, ainsi soit-il, Eden Hazard. »

MARKA

« Le football et toi, ça commence tout petit ?

Mon père s'appelait Raymond, c'était un lecteur assidu de *L'Équipe* et il envoyait souvent des courriers à la rédaction pour relever des erreurs dans les articles. C'était un fan de boxe. Le foot, c'était moins son truc, mais je suis né et j'ai grandi à côté d'un terrain de foot, celui du Royal Daring Club Molenbeek. C'est comme ça que j'ai découvert le foot.

Et la musique ?

Dans ma vie, quelque chose qui mêle football et musique m'a marqué. En 1973-1974, au RWD Molenbeek, il y avait une fanfare dans le stade, j'ai grandi avec le souvenir de cette fanfare. Quand je faisais les déplacements avec le club, la fanfare était présente aussi, c'était carnavalesque, ça mettait une ambiance de feu. Puis, peu à peu, j'ai moins suivi le foot en grandissant… Un jour, je suis retourné au stade de Molenbeek alors que j'étais devenu artiste, et ça m'a mis les frissons d'entendre à nouveau la fanfare, comme si je retrouvais mon groupe préféré des années après ! Alors, dix ans plus tard, j'ai fait une chanson qui s'appelle "Les Mondains" avec la fameuse fanfare, c'est un grand souvenir ! C'est aussi avec cette même fanfare que j'ai fait la chanson "La Ballade du ballon rond" pour une compilation signée par *Libération* !

Dans quelle mesure fréquenter les stades a influencé ta façon de chanter ?

J'ai appris à chanter au stade, où je chantais fort, contrairement à ma fille Angèle qui a une voix plus douce. Si j'ai la voix qui porte, c'est parce que je chantais au stade et dans les cafés aux alentours avant les matchs.

Quels sont les chants de supporters que tu préfères ?

Ceux qui chambrent gentiment m'amusent beaucoup ! En Angleterre, ils sont assez forts pour ça, ils créent des airs et des paroles spécialement pour une équipe qui va venir pour un seul match dans la saison ou pour cibler un joueur, ou encore l'entraîneur adverse… Je suis toujours étonné de la rudesse ou de la bêtise que représente souvent un public dans son ensemble, mais, parfois, ils ont aussi de bonnes vannes ! Et je me dis : "Mais qui a eu l'idée de cette chanson ?" J'aimerais rencontrer ces gars qui trouvent les paroles des chants les plus chambreurs !

Parle-moi de tes chansons qui évoquent le football. Commençons par "La Ballade du ballon rond" sur l'album *Merci d'avance*…

À l'époque, je jouais au foot avec des amis dans une équipe composée, entre autres, de musiciens, et j'avais demandé à Lucien Brocas de m'écrire une chanson, "La Ballade du ballon rond".

Elle raconte l'histoire d'un homme qui dit à sa femme que s'il part le samedi, c'est pour la tromper avec des joueurs de foot en short… Puis, en 2015, j'ai sorti "It's Only Football". Je trouve encore aujourd'hui que c'est une chanson qui peut possiblement se reprendre dans un stade. J'aimerais bien, en tout cas !

Venons-en à ton compatriote, Eden Hazard…

J'ai fait une chanson sur lui en 2019, au moment où il quitte Chelsea pour aller au Real. Je l'ai envoyée à deux journaux espagnols, *As* et *Marca*, je me suis dit : "*Marca*, ils vont réagir, vu mon nom, Marka !" Finalement, c'est *As* qui en a parlé !

Pourquoi Hazard plus qu'un autre ?

À l'époque, on avait Hazard et De Bruyne, c'est un peu comme Blur et Oasis : Eden Hazard est un magicien qui peut dribbler trois mecs, et Kevin De Bruyne n'est pas drôle, voire un peu râleur, on le lui reproche. Il n'est pas sexy, comme on dit. Hazard, lui, rigole dans les interviews, tu as envie d'aller au stade un peu plus pour lui que pour De Bruyne, qui est tout de même aussi un grand joueur.

Eden Hazard a écouté le titre ?

Oui ! J'ai fait une copie du titre pour un ami commentateur à la RTBF et il lui a fait écouter. Je sais qu'il est fan de mon fils Roméo Elvis, et tous les deux s'échangent des messages sur les réseaux sociaux.

Est-ce que tes enfants, Angèle et Roméo Elvis, aiment le foot ?

Ma fille pas du tout, mais Roméo oui ! Je l'ai emmené plusieurs fois au stade de Molenbeek, et il est fan de Liverpool. Je vais vous dire comment ça a commencé. Pour la finale de la Champions League entre l'AC Milan et Liverpool, en 2005, il y avait 3-0 à la mi-temps pour Milan. J'ai dit à mon fils : "Va te coucher, il y a école demain, le match est plié…" Liverpool est revenu à 3-3 et a gagné cette finale d'anthologie ! Le lendemain, Roméo m'en a voulu et, depuis, il est devenu fan de Liverpool.

Le foot, ça restera toujours une passion pour toi ?

Oui, je suis même entraîneur dans une petite commune qui jouxte Bruxelles. Dans mon petit club, très familial, je m'occupe des U11, j'ai entraînement le mercredi et le vendredi, et on a match le week-end. Je suis un jeune grand-père, j'ai besoin d'être avec des gamins, ça me tient vif, éveillé, j'adore ça ! »

La chanson de Marka est plus réussie que le passage de Hazard chez les Merengue. C'est vrai, Eden aimait trop faire la fête, ce qui reste malgré tout assez peu compatible avec une carrière de haut niveau… Mais en termes de footballeur festif, il est battu à plates coutures par le Britannique le plus cintré de l'histoire du ballon rond : George Best !

51 George Best : *Best is the best.* Le footeux le plus rock'n'roll de l'histoire. Le Ballon d'or 1968 est un concept à lui tout seul. « J'ai claqué beaucoup d'argent dans l'alcool, les filles, les bagnoles. Le reste, je l'ai gaspillé. » Voilà une déclaration qui résume bien l'état d'esprit de « Georgie ». Best est l'incarnation parfaite de la rock star, n'hésitant pas à choquer les Britanniques sur le plateau d'un des shows TV les plus célèbres outre-Manche en répondant à la question « Que faites-vous le week-end, George ? » « Je baise. » Il faut lui reconnaître un sens aigu de la formule : « En 1969, j'ai arrêté les femmes et l'alcool. Ce furent les vingt minutes les plus dures de ma vie. » Ballon d'or de la *punchline* ! L'ex-footballeur nord-irlandais, dont l'un des aéroports de Belfast porte le nom, s'est envolé vers les étoiles le 25 novembre 2005, à l'âge de cinquante-neuf ans. Restent des refrains le célébrant, et mieux encore : un album complet à sa gloire, *George Best – The Tribute Album* !

11 Johnny Rep : « Ce soir, c'est le tout premier match de la saison/ Et Johnny Rep a les cheveux blonds/ Quarante-cinq mille personnes se tassent dans le Chaudron/ Et Johnny Rep enlève son pantalon. » Johnny Rep, dit « Le Batave volant », double finaliste de la Coupe du monde avec les Pays-Bas, demeure l'un des footballeurs les plus élégants de l'histoire du foot. Un playboy au pays du fromage. Passé par l'Ajax Amsterdam, Valencia puis Bastia, Rep se pose dans le Forez en 1979 et côtoie Platini et Larios au sein du collectif vert. À l'époque, le jeune Mickaël Furnon, futur Mickey 3D et Stéphanois de naissance, est fan absolu de Johnny. Rep, pas Hallyday, évidemment ! Furnon a cinq ans lors de la grande épopée européenne des Verts, le genre de moments qui marque dans la vie d'un gosse, et c'est tout naturellement qu'une fois devenu artiste à plein temps il se décide à enregistrer un *track* en hommage à l'idole de son enfance. 2003 : Mickey 3D, qui va bientôt recevoir pas moins de trois Victoires de la musique, publie « Johnny Rep ». Pour la petite histoire, Furnon a demandé à cette occasion à Jacques Vendroux de rejouer les commentaires du match Saint-Étienne-Widzew Lodz de 1979, une rencontre pendant laquelle Rep a planté un triplé. Les commentaires originaux restent introuvables, Vendroux s'est donc prêté au jeu. Avec une petite boulette au passage… Voici ce que dit Vendroux dans la chanson : « Johnny Rep qui récupère le ballon en position d'arrière droit, un Johnny Rep extrêmement défensif. Il laisse le ballon en retrait à Christian Lopez qui remet en retrait à Jean Castaneda. Castaneda qui relance immédiatement pour Gérard

Janvion... » Or, lors de cette rencontre, ce n'est pas Castaneda qui gardait les buts des Verts, mais Ćurković. Cette petite faute n'a pas empêché « Johnny Rep » de rencontrer un joli succès d'estime, et Johnny Rep *himself* a apprécié ! « Je suis allé à Paris pour faire la connaissance de Mickaël Furnon, le chanteur du groupe. J'ai rapporté quelques disques aux Pays-Bas que je fais depuis écouter autour de moi. Ici, cette chanson est très populaire ! Moi aussi, j'ai chanté un peu quand j'étais à Saint-Étienne. Mais il ne faut plus en parler. » Puisqu'il ne faut pas en parler, parlons-en ! Johnny Rep, avec sa gueule de pop star, a commis en 1980 un titre signé sur le label Trema, le même que Michel Sardou. « Hey Johnny (Singing in the morning) » est disponible sur YouTube, et ce n'est pas mauvais... c'est *très* mauvais !

9 Roger Milla : Nous sommes en 1990, Roger Milla a trente-huit ans. L'attaquant de la JS Saint-Pierroise a réussi l'exploit d'emmener l'équipe du Cameroun en quart de finale de Coupe du monde. C'est la première fois qu'une nation africaine atteint ce stade de la compétition. Les Lions Indomptables sont nés, avec à leur tête le plus vieux d'entre eux : Roger Milla. Quatre buts en cinq matchs, et une célébration entrée dans la légende. À chaque but marqué, le Camerounais se dirige vers le poteau de corner pour quelques pas de danse. Oui, quand il marque, il danse, le Milla ! Ce jeu de mots, discret hommage à IAM, aurait pu figurer dans les *lyrics* de « Roger Milla », le titre de 2016 signé MHD. Mohamed Sylla, né en 1994, a croisé le chemin de Milla en faisant des recherches sur Internet. C'est en voyant Roger danser face au poteau de corner qu'il décide de consacrer un titre au numéro 9 camerounais. MHD est alors l'un des artistes les plus prometteurs de la scène urbaine. Roi de l'afro trap, il a déjà signé un titre qui cause foot – « Champions League » –, lequel compte cent quarante-deux millions de vues sur YouTube. La carrière du jeune rappeur dérape dans la nuit du 5 au 6 juillet 2018. Impliqué dans une bagarre qui coûte la vie à un jeune Parisien, Mohamed Sylla est condamné à douze ans de prison. Bien avant MHD, le Lion Indomptable a été célébré par Yannick Noah, sportif devenu chanteur en 1991 avec « Saga Africa ». Noah, d'origine camerounaise, célèbre Milla et ses camarades de jeu un an après les exploits du Cameroun en Italie avec un texte haut en couleur : « Yannick Noah pour radio Cameroun/ Avec les Lions Indomptables/ Nkono dégage/ Suppositoire de l'attaque adverse/ Dégagement multidirectionnel de Nkono/ Les défenseurs voient complètement flash/ François Omam-Biyik amortit et glisse un zolo/ Deux zolos et lance Milla/ Milla dribble la balle, un dribble/ Qui sort des laboratoires/ Footballistiques d'Etudi/ L'affaire est grave, il tire au goal/ Il y est ! »

LA LUCHA LIBRE

Le groupe brestois est à l'honneur dans notre *Music & Football Tribute Team*, puisque pas moins de trois joueurs y figurant (Yachine, Best,

Adams) ont été chantés par David Penberthy et Pierre-Yves Boussard ! Ils reviennent sur les origines de ces trois chansons hommages.

« Comment votre passion pour le foot a commencé ?

David Penberthy : Je viens d'Angleterre. Pour nous, les Britanniques, le foot, c'est tout ! Je suis tombé amoureux de George Best et, plus généralement, j'adore les *bad boys* du foot. Gascoigne, Cantona… Ce sont d'abord eux qui m'ont donné envie d'aimer le foot.

Pierre-Yves Boussard : Moi, c'est le Stade Brestois 1990-1991, avec une équipe de fous ! Ginola, Lama, Vincent Guérin, Colleter…

C'était le PSG, en fait !

PYB : Oui, c'est ça. Puis, l'année d'après, le club se retrouve relégué et va jusqu'au dépôt de bilan. J'étais gamin et je ne comprenais pas ce qui se passait pour mon club de cœur ! Mais mon numéro un, quand j'étais gamin, c'était David Ginola.

Vous avez chanté le football à plusieurs reprises, à commencer par une chanson sur… Bruno Grougi. Pourquoi lui ?

PYB : C'est le joueur emblématique de Brest de ces dernières années à nos yeux. C'est une icône brestoise. En plus, il est resté humble. La chanson cite plusieurs autres légendes brestoises, mais le refrain est consacré à Bruno Grougi.

Il connaît la chanson ?

DP : Oui, il a beaucoup aimé, on lui a même joué en acoustique, c'était sympa.

PYB : On a eu l'occasion de le croiser car un journaliste a eu l'idée d'organiser une rencontre entre lui et nous. C'était super. Bruno est un gars irréprochable.

On ne peut pas en dire autant sur George Best ! En 2013, vous lui dédiez une chanson...

DP : Quand tu cherches un sujet iconique, tu penses tout de suite à George Best ! C'est une star avec un destin tragique, à la Gascoigne, ses problèmes d'alcool en font un sujet intéressant avec une vraie dramaturgie. Je suis nostalgique de ce type de joueur-là !

PYB : Il est aux antipodes de ce que les joueurs de foot représentent aujourd'hui, il ne cachait rien de sa fragilité, et c'est ce qui nous intéressait. Aujourd'hui, je ne sais pas sur qui on pourrait faire une chanson, à part Gaëtan Charbonnier, ancien joueur du Stade Brestois, mais les joueurs "punks", il n'y en a plus !

Dans un tout autre style, vous avez rendu hommage à Jean-Pierre Adams. Voilà un autre destin tragique, bien différent de celui de Best...

DP : Le texte parle du fait qu'il a été un peu oublié par tous, et c'est aussi un hommage à sa femme qui a été présente pour lui jusqu'au bout. À vrai dire, je ne connaissais pas son histoire et quand Pierre-Yves m'a raconté son destin dramatique, j'ai commencé à tout vouloir connaître de lui.

PYB : Un groupe d'amis de Jean-Pierre Adams nous a contactés pour nous remercier, ça nous a beaucoup touchés. Le titre est sorti un peu avant sa mort, et on est très heureux d'avoir pu lui rendre hommage.

Finissons par Lev Yachine. En 2018, vous célébrez cette icône russe. Pourquoi lui ?

PYB : C'est une légende, et aussi un vrai produit marketing de l'ex-URSS ! Je trouvais ça cool de chanter "USSR" dans une chanson.

DP : C'était avant la guerre en Ukraine, il faut le préciser !

PYB : Oui, c'était avant la Coupe du monde en Russie aussi. On voulait rendre hommage aux gardiens, donc il y a plein de références assez marrantes à des gardiens *vintage* qui nous ont marqués...

DP : Bruce Grobbelaar, Peter Shilton, Higuita... On s'est vraiment amusés avec cette chanson !

PYB : De toute façon, ces quatre chansons sur "Grizou", Grougi, Best et Yachine, pour nous, ça a été un double plaisir ! Mêler foot et musique, quel bonheur ! »

J'AURAIS VOULU ETRE UN ARTISTE

À l'aube des années quatre-vingt-dix, Yannick Noah a troqué sa raquette pour un micro, et s'il est l'exemple à suivre pour tous les sportifs désireux de devenir chanteurs, il est loin d'être le seul champion à avoir poussé la chansonnette.

Roger Milla

Reprenons là où nous nous sommes quittés au chapitre précédent ! Avec Roger Milla. Non content d'avoir été chanté, il s'est lui-même essayé à l'exercice du chant. Et croyez-le ou non – mais croyez-le car c'est vrai –, c'est avec les compositeurs de « Saga Africa » que Milla a enregistré sa chanson « Sandy », sortie en 1991. Sandy, c'est la fille de Roger Milla. Avec en *featuring* quelques phrases en duala et la voix de son bébé en intro. « Sandy », l'unique chanson de Roger Milla, reste un titre tout à fait honorable, on ne pourra malheureusement pas en dire autant de la plupart des chansons dont on va parler à présent. Car ils ont presque tous chanté, nos amis footballeurs stars, et c'est peut-être ce qui est le plus étonnant. De Zidane à Cruyff, de Maradona à Platini, ils sont nombreux, à l'apogée de leur carrière, à avoir tenté de pousser la chansonnette. Pour la plupart, ils n'ont pas persévéré. Il est vrai que taper dans un ballon et chanter dans un micro sont deux activités aussi différentes que le sont Dieter Bohlen et Thomas Anders, les deux Teutons qui ont fondé Modern Talking, duo choucrouté des années quatre-vingt. Leurs différences, Dieter et Thomas en ont fait leur force, et ça, c'est un beau message d'espoir, certes, mais qui ne sauvera pas ici Youri, Basile, Manu, nos héros en short, dont l'incursion dans le monde de la musique n'aura laissé qu'une trace dont on se serait bien passés… Et en même temps, j'aurais écrit quoi, moi, sans vos casseroles, les gars ? Dieu merci, des footeux qui chantent bien, il y en a eu, commençons par évoquer le plus célèbre et le plus prolifique d'entre eux.

Julio Iglesias

Il a vendu trois cents millions de disques et demeure l'artiste latin de tous les records. Numéro un : Julio Iglesias. C'est d'ailleurs le numéro qu'il portait sur son maillot au Real Madrid. Né dans la capitale espagnole en 1943, il devient gardien du Real Madrid Club de Futbol, un club affilié au Real. À dix-neuf ans, il intègre l'équipe réserve du Real et on lui promet une belle carrière. Lors d'une interview accordée à CNN en 2014, il déclarait : « Je savais que je ne deviendrais pas un très grand joueur comme Di Stéfano, Gento ou Puskás, qui jouaient au Real Madrid ces années-là. C'était la meilleure équipe du monde à cette époque. » Mais le 22 septembre 1962, aux alentours de deux heures du matin, de retour de soirée, Julio Iglesias et trois de ses amis sont victimes d'un grave accident de voiture. Julio reste paralysé pendant un an et demi. Ses rêves de foot s'envolent, mais au lieu de tomber dans la dépression, il apprend à jouer de la guitare, ce qui demeure une activité effectivement bien plus réjouissante que celle de se morfondre au sujet d'une carrière qui n'existera pas.

Julio, fils de bonne famille, file à Londres une fois guéri pour apprendre l'anglais. C'est dans les pubs de Cambridge, à cent kilomètres au nord de Londres, qu'il va donner ses premiers concerts, reprenant les classiques de l'époque. Il abandonne son deuxième rêve de gosse – devenir diplomate –, il est maintenant bien décidé à devenir crooner. En 1968, il remporte le prix du festival de musique de Benidorm. Certes, ce n'est pas un Grammy, mais c'est un bon début pour Julio. L'année suivante, il publie l'album *Yo Canto* qui le propulse au rang de star. C'est en 1978 que la France le découvre avec « Aimer la vie », et les tubes s'enchaînent pour l'ancien gardien de but du Real : « Pauvres diables », « Je n'ai pas changé »... Julio, le Sinatra latino, s'invite chez les Carpentier et chez Drucker, et devient en France l'un des visages les plus populaires et bronzés des années quatre-vingt.

Le football n'a jamais quitté Julio, aperçu çà et là dans les travées des stades de foot. En 2013, c'est lui qui prête son jet privé à Neymar pour que ce dernier aille signer son contrat à Barcelone. Julio avait pourtant tout essayé pour envoyer Neymar à Madrid. Un rêve qui ne deviendra jamais réalité. Dans la famille Iglesias, le football est une religion. Enrique, fils de Julio et star de la chanson, cale ses tournées mondiales en fonction des grands tournois. Hors de question de chanter pendant une Coupe du monde, par exemple ! Sa seule entorse à cette règle d'or, c'est en 2008 qu'il la commet, et pour cause : il chante l'hymne officiel de l'Euro 2008 lors de la cérémonie de clôture à Vienne ! « Can You Hear Me » est le titre de cette chanson, qu'il n'est pas exactement indispensable d'écouter. Marié à l'ancienne tenniswoman Anna Kournikova et papa de jumeaux, Enrique tente désormais de convertir ses enfants au football, pour faire comme papy !

Pour conclure sur le dossier Julio, à la question qu'une journaliste télé lui posait – « Si c'était à refaire, préféreriez-vous être un footballeur professionnel ou un chanteur ? » –, Julio a répondu : « Un chanteur, parce que je pourrais chanter jusqu'à la fin. » Un adage qui ne s'applique toutefois pas à Kazuyoshi Miura, plus vieux joueur en activité. Âgé de cinquante-sept ans, ce Japonais a notamment inspiré le personnage d'Olivier Atton dans le dessin animé *Olive et Tom*. Soit dit en passant, Kazuyoshi ferait également un bon thème pour une chanson, genre « Forever Young »…

Jean-Pierre François

Notre Julio français, ce footballeur raté qui a surfé sur les cimes du succès musical, c'est Jean-Pierre François. Aucun lien avec Frédéric ou Claude. Jean-Pierre François – JP si vous préférez – est devenu une légende des années quatre-vingt avec un seul titre, une bombe de kitch entrée au panthéon des plaisirs coupables : « Je te survivrai ».

Son heure de gloire footballistique, il la connaît lors de la saison 1987-1988 avec les Verts de Saint-Étienne. Il joue avec la réserve et marque sept buts en six matchs. Étrangement, un an plus tard, alors qu'il n'est âgé que de vingt-quatre ans, Jean-Pierre décide, après quelques blessures, de mettre un terme à sa carrière de façon assez inattendue. Il n'a jamais vraiment expliqué pourquoi. Ce que l'on sait, c'est que quelques mois après avoir fait ses adieux au ballon rond, Jean-Pierre, rond sûrement, croise Didier Barbelivien dans une discothèque du sud de la France, au printemps. Ce dernier, impressionné par le physique de JP, lance à son ami Félix Gray, présent lui aussi dans le club : « Je vais écrire un tube à ce garçon. » Didier, qui en connaît un rayon en matière de hits, écrit donc « Je te survivrai » en moins de temps qu'il ne faut pour le dire. Quelques jours plus tard, Jean-Pierre et sa coupe mulet prennent le train pour la capitale afin que ce bon JP enregistre « Je te survivrai » aux côtés de Didier Barbelivien et de l'arrangeur Bernard Estardy, qui travaille parallèlement sur un titre qui deviendra là aussi un tube quelques mois plus tard : « Le Jerk », de Thierry Hazard. Pour les plus geeks d'entre vous, les chœurs de « Je te survivrai » sont l'œuvre de Bibie, star du Top 50 à l'époque avec son fameux « Tout doucement ».

24 juin 1989 : « Je te survivrai » fait son entrée au Top 50 et va y rester près de six mois. Il s'en vend plus de cinq cent mille exemplaires. Effectivement, Barbelivien n'avait pas menti, il a pondu un tube, auquel Jean-Pierre a plus ou moins survécu. Il publie dans la foulée un album que vous aurez du mal à trouver puis décide de raccrocher le micro en 1992. JP ouvre une discothèque puis un restaurant à Cavalaire, on dit même qu'il a tenu un bar PMU. La dernière fois que l'on a entendu parler de lui, c'est en 2004, lorsque sa fille Sandy intègre le casting de la Star Academy au côté de Grégory Lemarchal. Maman depuis 2008, Sandy a confié à la presse que son père ne voulait plus entendre parler de cette chanson. Papy Jean-Pierre refuse systématiquement les juteuses propositions pour qu'il rejoigne les tournées des ex-gloires des années quatre-vingt. Il nous reste pour toujours le clip de « Je te survivrai », un summum de mauvais goût, et sa parodie des Nuls, « Vous me subirez », avec un Farrugia grimé en Jean-Pierre François et un

texte inoubliable : « Dans les cages d'ascenseur/ Dans les rues de les villes/ Dans la cuisine au beurre/ Dans la cuisine à l'huile/ Dans les couilles de ma sœur/ Et tout c'qui marche à pile/ Vous me subirez/ Dans les aéroports/ Et au rayon boucherie/ Promotion sur le porc/ Des prix, des prix, des prix/ Dans la fièvre à la mort/ Dans *Sylvestre et Titi*/ Vous me subirez. »

Colin Grainger

Voici maintenant l'histoire incroyable de Colin Grainger, un Britannique qui restera à jamais le seul footballeur à avoir joué en première partie des Beatles !

Colin commence sa carrière à Wrexham avant de rejoindre Sheffield United pour deux mille cinq cents livres. International anglais dès 1956, il a pour habitude de pousser la chansonnette lors des mises au vert, ce qui amuse… et étonne : Colin a un sacré bel organe. À Sheffield, il se produit régulièrement sur scène quand il n'est pas en déplacement avec son club. Colin devient peu à peu un chanteur tout à fait crédible, tout en poursuivant une carrière très honorable de footballeur professionnel.

Puis Colin, qui est à l'époque l'ailier le plus rapide d'Angleterre, quitte Sheffield pour Sunderland. Sa carrière de footballeur décline peu à peu, alors que sa carrière de chanteur commence à décoller. En 1960, il signe à la fois à Leeds en deuxième division et sur un label de musique ! Il sort un premier titre, « This I Know ». En 1963, il assure à Manchester la première partie des Beatles, le genre de choses qui pète un peu sur un CV. Ça reste le *climax* de sa carrière d'artiste. Colin a par la suite abandonné la chanson. Il existe sur YouTube une vidéo encore plus mimi que celle d'un chaton qui fait miaou : on y voit Harry Kane appeler en visiophone Colin, âgé de quatre-vingt-sept ans, et totalement délaissé pendant le Covid. Il est décédé deux ans plus tard.

Just Fontaine

Pendant qu'au début des années soixante Colin Grainger s'essaie à la chanson, de l'autre côté de la Manche, le footballeur français star du moment et récent meilleur buteur de la Coupe du monde 1958, avec treize buts – record toujours valable –, se met lui aussi à chanter. C'est Just Fontaine (ah bon, il a pas de prénom ?). Petit, Just chante – juste, ça, on ne le sait pas – à la maison, ce qui indispose sa mère qui ne veut pas entendre parler d'une potentielle carrière de chanteur pour son rejeton. « C'est peut-être pour ça que je me suis mis au football », aimait-il répéter. Triple champion de France et héros du Mondial 1958, Just Fontaine enregistre un an plus tard ses premiers titres avec la complicité du chanteur Gil Bernard qu'il avait rencontré des années plus tôt au Maroc, alors que Just participait à un radio-crochet. Imaginez Zidane monter sur scène en 1999, un an après son doublé face au Brésil, et chanter des sucreries comme « Je t'aimerai toute la vie » ou « Souffle d'amour » ! On est ici à ce degré de dinguerie.

« Mes potes de Reims me prennent pour un fou », dira même Just Fontaine. Si Colin Grainger a fait la première partie des Beatles, Fontaine, lui, peut se vanter d'avoir joué en première partie de Dalida, à Paris, au théâtre… Fontaine. Avec ses faux airs de Gérard Philipe, « Justo » avait tout pour devenir un chanteur de charme, sauf peut-être les chansons qui vont avec. Il convient d'écouter son duo avec Gil Bernard, « Si on t'avait dit », petit trésor s'il en est.

Fontaine met un terme à sa carrière de footballeur en 1962 après deux doubles fractures consécutives de la jambe gauche. Fontaine est une légende du football français, également à l'origine de l'UNFP, le syndicat des joueurs pros qu'il forme avec Eugène N'Jo Léa et l'avocat Jacques Bertrand. Éphémère sélectionneur de l'équipe de France en 1967, Fontaine entraîne par la suite le PSG, qu'il fait monter en Division 1 en 1974, non sans avoir subi un malaise cardiaque lors du match de barrage d'accession face à Valenciennes.

La dernière prestation du crooner a lieu en 1993 sur le plateau de Pascal Sevran, dans la légendaire « Chance aux chansons », qui n'a jamais aussi mal porté son nom : entendre Just, ce n'était pas une chance. Fontaine, au soir de sa vie, chante « Si on pouvait changer sa vie ». On croirait ce texte écrit par un ado shooté au sirop Toplexil® (endormissement, léthargie, sommeil, somnolence sont les effets secondaires de ce médicament contre la toux). Morceaux de prédilection : « Si l'on pouvait choisir sa vie, en faisant le métier qu'on aime/ De temps en temps, j'en ai assez de me battre avec mes problèmes/ [...] Je voudrais mourir dans les bras de ma femme Arlette et de mes enfants ». L'écoute de ce *track* lunaire est assez pénible, malgré un texte d'une candeur et d'une sincérité remarquables. Mais définitivement, non, Fontaine, je ne boirai pas de ton ode...

Dans les années Fontaine, à l'aube des *sixties*, l'autre star du foot à se prendre pour un cador du chant n'est autre que le grand Pelé. Mais là, attention, ça ne plaisante absolument pas. Pelé était un grand artiste du ballon... et de la guitare !

Pelé

De son vrai nom Edson Arantes do Nascimento, Pelé, légende du ballon rond, a également composé une bonne douzaine de chansons. L'homme aux mille trois cent soixante-trois matchs pour mille deux cent quatre-vingt-un buts – d'après la FIFA – a même chanté avec Gilberto Gil et Elis Regina, des stars de la musique brésilienne. Seul joueur de l'histoire du football à avoir remporté trois Coupes du monde, il est aussi le seul – ou pas loin – à avoir enregistré des chansons dignes des plus grands artistes. Bref, nous avons affaire ici à un sérieux candidat. Si Pelé est devenu un très bon musicien, c'est d'abord parce que son père, Dondinho, jouait du cavaquinho, une guitare à quatre cordes pincées qui est à l'origine du ukulélé hawaïen.

Alors qu'il est joueur du FC Santos, le jeune Edson Arantes do Nascimento apprend à jouer de la guitare avec Tite, qui deviendra plus tard sélectionneur de la Seleção (2016-2022). Il faut attendre 1969 pour que Pelé enregistre un premier 45 tours en duo avec Elis Regina, une référence de la musique *do Brasil*, notamment avec « Águas de Março », son titre le plus connu. Surnommée « Pimentinha » (« Petit Piment »), Elis, hélas, disparaît à l'âge de trente-six ans seulement après avoir ingéré de la cocaïne, de l'alcool et du témazépam, ce qui n'est jamais une très bonne idée. Elle nous laisse deux chansons en duo avec le roi Pelé, « Perdão, Não Tem », une sympathique bossa nova de *lover*, et « Vexamão », un duo rafraîchissant dans lequel, pendant l'introduction, Elis supplie Pelé de chanter, ce qu'il va finir par faire, et pas trop mal, donc. Ce titre est enregistré à Rio quelques heures à peine après le match de qualifications à la Coupe du monde 1970 Brésil-Paraguay (1-0) avec une affluence record de cent trente-huit mille spectateurs, au cours duquel Pelé a marqué, naturellement !

Huit ans plus tard, en 1977, le disco s'apprête à transformer le monde en boule à facettes géante et Pelé s'éclate au mythique Studio 54 de New York. Le Brésilien vient de rejoindre le Cosmos de New York avec un doux rêve : convertir les Ricains au *soccer*. Attention, spoiler : ce sera un échec. En revanche, son retour en musique sera une réussite. Il signe le thème musical d'un documentaire que le réalisateur François Reichenbach lui consacre. « Meu Mundo É Uma Bola » – « Mon monde est un ballon » – s'écoute idéalement un dimanche matin, lové dans les bras de sa moitié, encore endormi après une nuit agitée. Ce titre est un bonbon confectionné avec le musicien Sérgio Mendes, et ce n'est pas rien.

Pelé ne va jamais vraiment cesser de chanter et, en 2006, alors qu'il est âgé de soixante-six ans, il nous fait une Henri Salvador et enregistre sur le tard son album du *come-back* avec la participation du rappeur Rappin' Hood et de Gilberto Gil. L'album, loin d'être honteux, permet à Pelé de réaliser son rêve. Dix ans plus tard, on pense qu'il conclut son parcours artistique avec la sortie de son titre « Esperança » pour célébrer les JO de Rio en 2016, mais que nenni, Pelé en a encore sous le capot et, pour fêter ses quatre-vingts printemps, chante avec le duo mexicain Rodrigo y Gabriela « Acredita No Véio » (« Écoutez le vieil homme »), un remix de Fatboy Slim a même été créé pour l'événement.

Pour refermer la page Pelé, je vous recommande cette vidéo du 15 août 2005 extraite de l'émission de télévision « La Noche del 10 » animée par Maradona. Ce soir-là, Diego reçoit Pelé, et ce dernier va jouer une composition spécialement créée pour El Pibe de Oro : « C'est une musique qui parle des fans qui veulent toujours être des idoles alors que nous voulons avoir une vie tranquille. Ils veulent être nous, et nous voulons être eux. » Un moment de grâce.

Pelé fait partie des légendes du football, comme Maradona, Platini, Cruyff et Beckenbauer. En revanche, il est meilleur chanteur que tous ces champions réunis.

Franz Beckenbauer

En 1966, Franz Beckenbauer se met à la chanson avec « Gute Freunde kann niemand trennen », que l'on peut traduire par « Personne ne peut séparer les bons amis », un titre qui donne pourtant presque envie de massacrer tous ses amis à coups de pelle. Il faut voir le Scopitone de ce titre, d'une « gênance » de dix sur dix sur l'échelle de la honte. On y découvre le « Kaiser » assis dans un bureau qui fait office de salle des trophées, entouré des camarades de son équipe de foot, des potes qui semblent se demander ce qu'ils « footent » ici, mais, plus encore, ils doivent bien se demander pourquoi leur gars sûr a décidé de se mettre à la chanson ! « Personne ne peut séparer les bons amis/ Les bons amis ne sont jamais seuls/ Car ils ne peuvent faire qu'une chose dans la vie/ Être là les uns pour les autres. » Ce texte d'une niaiserie presque inquiétante ne va pas vraiment convaincre le grand public, le titre peinant à entrer au Top 50 allemand, ce qui n'empêche pas Franz Beckenbauer de récidiver avec « Du Bist Das Glück » (« Tu es le bonheur »). Une ballade dispensable pour quelqu'un qui, tout au long de sa carrière footballistique, nous a habitués à l'exceptionnel. Dix-huit ans passés au Bayern comme joueur, quinze ans comme président, quatre Championnats allemands remportés, une Coupe du monde comme joueur, une comme entraîneur, seuls Zagallo et Deschamps ont réussi cet exploit. Un parcours parfait, surtout si on oublie qu'il a corrompu quatre membres de la FIFA pour obtenir l'organisation de la Coupe du monde en Allemagne. *Aber wir lieben dich trotzdem, Franz !*

Johan Cruyff

« Nous ne t'oublierons jamais, *flaco* (maigre, en espagnol). » C'est ainsi que Maradona a salué Johan Cruyff à la mort de ce dernier, le 24 mars 2016. Difficile d'oublier Cruyff, un physique de pop star, une classe naturelle folle et un goût prononcé pour la chanson. En 1969, trois ans après le très pénible 45 tours du Kaiser, deux producteurs néerlandais, Willem van Kooten et Freddy Haayen, se mettent en tête de faire chanter leur idole. Ils proposent donc à l'agent du numéro 14 le plus célèbre d'Europe cette idée pour le moins fantasque. Van Kooten se souvient : « Coster, l'agent de Johan, était un redoutable négociateur. Il a insisté pour obtenir des honoraires substantiels pour Johan. Au départ, il demandait une somme tout à fait impossible à payer. Comme je le connaissais bien, je lui ai dit : "C'est beaucoup trop, en plus Johan ne sait absolument pas chanter !" "Pourquoi voulez-vous faire un enregistrement, alors ?" a répondu Coster.[5] »

Ce que cherchent les producteurs, c'est faire un « coup », et ils vont merveilleusement le réussir. Après avoir réglé la somme de dix mille florins, l'équivalent de quatre mille cinq cents euros, ils invitent Cruyff en studio à La Haye pour enregistrer le titre « Oei Oei Oei (Dat Was Me Weer Een Loei) », que l'on pourrait grossièrement traduire par « Aïe Aïe Aïe (C'est un sacré coup de poing) ». Le titre raconte les aventures d'un jeune boxeur amateur qui vient de prendre un K.-O. et qui décide d'enchaîner les verres dans un bar pour noyer son chagrin avant de rentrer chez lui retrouver sa femme, absolument ravie de voir son homme rentrer à la maison rond comme une barrique. Étrange idée que de proposer à la star néerlandaise de chanter les mésaventures d'un boxeur *loser* et alcoolique.

De l'alcool, il va justement en couler à flots pendant l'enregistrement du titre. À la grande surprise des producteurs, Johan Cruyff enchaîne les clopes et les rhums-cocas entre deux prises de voix. Pompette, le Batave pose tant bien que mal sa voix sur la musique, qui tient plus du folklorique que de la *pop song* efficace. « Quand Johan s'est présenté derrière le micro, le producteur a failli faire une attaque, se souvient Koelewijn, compositeur du titre. Ça a été un moment difficile parce que Johan n'était pas chanteur. » Ah bon ? En un après-midi, avec le soutien de

5. *So Foot*, avril 2020.

quatorze – tiens, comme par hasard – musiciens, Johan vient à bout de ce défi et tout le monde peut rentrer chez soi, un peu bourré si l'on en croit les souvenirs des producteurs de cette merveille. Le joueur de l'Ajax, alors sur le toit du monde, va se retrouver au Top 50 hollandais et atteindre une honorable vingt et unième place, ce qui n'est pas si mal quand on prend deux minutes pour écouter l'objet du délit. Il s'en vend près de vingt mille exemplaires.

Puis Cruyff, le « Hollandais Volant », superstar sur ses terres, quitte l'Ajax pour le Barça en 1973. Là, Peter Koelewijn, le compositeur de l'inoubliable « Oei Oei Oei », se dit qu'il y a peut-être un coup à (re)faire. Il propose au label Polydor en Espagne de faire une version de « Oei Oei Oei » en espagnol. La bonne idée. Cinquante mille exemplaires vont s'écouler, et Cruyff ne va pas toucher le moindre centime. Le contrat qu'il avait signé n'incluait pas de *royalties* sur les ventes.

Un regret cependant : Cruyff méritait beaucoup mieux que cette soupe batave. On l'aurait imaginé collaborer avec The Alan Parsons Project ou Steely Dan – quand le beau rencontre le beau… –, cela aurait pu être un délice. Cruyff a été bien plus inspiré dans ses choix comme footballeur. Comme l'a dit Guardiola, « Cruyff est la personne la plus influente sur l'évolution du football de ces quarante dernières années, en tant que joueur et entraîneur. Il a façonné le jeu de l'Ajax et du Barça. Sans lui, le Barça ne serait pas ce qu'il est ». Même l'une des plus grandes générations du football français doit une partie de son héritage à Johan Cruyff. Les membres du célèbre Carré magique de Michel Hidalgo (Platini, Tigana, Giresse, Genghini puis Fernandez) ont été profondément marqués par le numéro 14 néerlandais. Cruyff a redéfini ce sport en le rendant spectaculaire, beau, total. Qui peut se targuer d'avoir été à la fois un triple Ballon d'or, un entraîneur d'exception et l'inspirateur du football moderne ? Ne cherchez pas : personne. Cruyff est le GOAT.

Mais, afin de montrer qu'il n'était pas un ange pour autant, il convient de convoquer ici la soirée rock'n'roll qui est à l'instigation de Johan le terrible entre deux matchs du second tour de la Coupe du monde 1974 en Allemagne. Une orgie de haute volée a été organisée par Cruyff à l'hôtel des joueurs néerlandais, avec des gars tout nus et des jeunes femmes guère plus vêtues, beaucoup d'alcool et sûrement quelques cigarettes qui font rire. L'information a fuité, ce qui n'a pas été du goût de madame Cruyff. Il est à noter que le taux de divorce post-Coupe du monde a battu des records au sein de l'effectif des Oranje.

Puisque nous sommes aux Pays-Bas, restons-y. En 1983, Cruyff joue pour le Feyenoord Rotterdam, où débarque un gars d'un mètre quatre-vingt-onze particulièrement doué à la fois balle au pied et face à un micro : Ruud Gullit.

Ruud Gullit

Ruud Gullit, Ballon d'or 1987, surnommé « la Tulipe noire » en raison de ses origines afro-surinamiennes, apprend à jouer au football dans la rue avec son copain Frank Rijkaard, dont le papa a flirté avec la maman de Ruud, mais cela ne nous regarde pas. Ruud portait des dreadlocks depuis ses débuts à Haarlem, à seize ans, alors qu'il évoluait au poste de libero. Les dreads, c'est un clin d'œil à ses origines surinamaises, mais aussi à ses goûts musicaux. « J'étais fan de reggae, et beaucoup d'entre nous chantaient sur Nelson Mandela, Steve Biko. Ces personnes étaient des icônes pour moi. Elles luttaient pour une cause immense. » C'est le reggae qui a éveillé Gullit à la lutte contre l'apartheid. En 1984, Gullit s'y met pour de bon – au reggae – et connaît un modeste succès avec « Not the Dancing Kind », un titre bon enfant. Puis, en 1987, l'année de son Ballon d'or, le groupe de reggae néerlandais Revelation Time lui rend hommage avec « Captain Dread ». « Il court comme l'éclair/ Le tonnerre frappe quand il shoote le ballon/ Ne tente pas de l'arrêter/ Natty dreadlocks les dépasse tous/ Il lutte contre l'apartheid/ Et aime écouter du reggae/ Il se bat pour l'égalité des droits/ En Rhodésie, Revelation time ! »

Alors joueur à l'AC Milan avec ses camarades Van Basten et Rijkaard, Captain Dread politise son Ballon d'or en le dédiant à Mandela, alors derrière les barreaux, et participe au titre « South Africa », un brûlot anti-apartheid. Gullit n'a pas, comme Cruyff et Beckenbauer, choisi de chanter pour divertir. Il chante pour interpeller et profite de sa notoriété pour faire passer des messages de paix. En 1988, les Pays-Bas remportent l'Euro et Gullit devient le premier capitaine néerlandais à soulever un trophée avec l'équipe nationale des Pays-Bas. Il raccroche les crampons dix ans plus tard avant de devenir entraîneur, avec un succès contrasté. Stéphane Guivarc'h, qu'il a dirigé à Newcastle, a dit de Ruud que « c'est un imposteur », ce qui n'est pas, même en Bretagne, un compliment.

Devenu consultant, Ruud Gullit fait la une des journaux néerlandais durant l'Euro 2024, et cela bien malgré lui. Des supporters néerlandais, désireux de fêter leur idole Ruud Gullit, n'ont rien trouvé de mieux que de se rendre au stade grimés en Gullit, *blackface* à la clé. Naturellement, les images ont fait le tour du monde ! Il aurait pu trouver ça rude, Ruud, mais, au contraire, il s'est dit honoré par ces *blackfaces*. Il est au-dessus de tout ça, Gullit, devenu une légende du football mondial, à tel point que George Best a dit un jour que Gullit était meilleur que Maradona. Il faut croire qu'il devait être en plein descente, le George !

Pour conclure sur nos amis bataves, notons non sans une pointe d'ironie l'existence d'un duo entre Marco van Basten et

Frank Rijkaard sorti à l'occasion de la Coupe du monde 1990 en Italie : « Het is fijn in Italië te zijn », que l'on peut traduire par « C'est agréable d'être en Italie ». Un séjour italien qui n'a pourtant pas duré très longtemps pour Frank et Marco, les Oranje ont été éliminés par l'Allemagne de l'Ouest en huitième de finale. On raconte qu'à Guantánamo, on torture les prisonniers en musique, en leur faisant écouter ce qu'il existe de plus pénible. Je suggère à nos amis américains d'inclure dans leur playlist le duo Van Basten-Rijkaard, hautement nuisible. Et pourtant, cette étrange création n'est peut-être pas le pire duo de l'histoire des footballeurs-chanteurs…

Basile Boli et Chris Waddle

Parfois, on pense qu'on a touché le fond, mais en fait, non. Si on creuse encore, on peut trouver des pépites, des daubes intergalactiques. Voici l'une d'entre elles, portée par deux légendes de l'Olympique de Marseille, Boli et Waddle. Mais comment diable en est-on arrivé là ? 1991 : Basile Boli vient de signer à l'OM, un club dirigé par un ancien chanteur qui a réussi sa vie, Bernard Tapie. Très vite, « Basilou » se lie d'amitié avec Chris Waddle, arrivé un an avant lui. Chris et Basile passent leurs soirées à faire des blind-tests et l'idée d'enregistrer un duo ne met pas très longtemps à germer dans l'esprit de Basile, peut-être pense-t-il au succès connu deux ans plus tôt par Jean-Pierre François et se dit-il « Pourquoi pas moi ? » Il en parle à Chris, qui ne se fait pas prier pour plonger la tête la première dans cette fumeuse aventure. À la décharge du Britannique, il faut noter qu'en 1987 il a atteint le sommet des charts anglais en duo avec l'ex-Monégasque Glenn Hoddle. Le titre « Diamond Lights » est, disons-le tout net, une réussite. Produit par Bob Puzey, qui a œuvré pour Billy Ocean et Haywoode (une ex-*Benny Hill's girl*), « Diamond Lights » prouve que l'on peut être un excellent footballeur et un bon artiste à la fois.

Waddle n'aura pas la même chance avec Basile Boli. C'est ce dernier qui va s'occuper de « l'artistique ». Il contacte Mat Camison, qui a connu la gloire dans les années soixante-dix avec « Pop Corn Festival », un titre que l'on peut jouer en tapotant ses doigts sur sa joue, cette dernière devant être plus ou moins gonflée selon la note souhaitée. Si vous avez un peu de temps à perdre et des envies de faire de la musique à moindres frais… C'est cadeau. Bref, Mat entre en studio et pond un gloubi-boulga sonore, un mix étrange mi-rap mi-musique du soleil. Son titre : « We've Got a Feeling ». Le feeling, Basile et Chris ont dû l'oublier le jour de l'enregistrement, qui a lieu en un après-midi dans un studio d'Aix-en-Provence. « Quand ils sont arrivés, ils ne connaissaient pas les paroles. J'ai dû tout leur expliquer[6] », se souvient Camison. Boli se rappelle avoir bu beaucoup (trop) de bières et avoir voulu ajouter un sample des Beatles. Une riche idée. Moins trippé cela dit que cette drôle de trouvaille : que Basile Boli prenne l'accent africain. À la fin, « We've Got a Feeling », porté par un clip aux mille couleurs que l'on croirait réalisé sous amphet, va connaître un sacré succès.

Sortie une semaine avant la finale de Coupe des champions OM-Étoile rouge de Belgrade, « We've Got a Feeling » provoque la colère du président Bernard Tapie et de certains joueurs du vestiaire marseillais, dont Éric Di Meco, bassiste au sein d'Osiris – groupe de reprises d'Oasis –, qui a qualifié cet ovni sonore de « purge ». Allons droit au but : ce titre est une catastrophe, mais cent mille personnes ont cru bon de le ranger dans leur discothèque personnelle.

---

6. *So Foot*, mars 2020.

Chris Waddle aurait pu être une pop star. Le jour de sa première arrivée à l'aéroport de Marseille, seuls quelques journalistes sont présents pour accueillir ce joueur dont on ne sait pas grand-chose. Alors qu'il récupère ses bagages, quelques micros se tendent vers lui et une question tombe : « Quelles chansons allez-vous chanter ce soir ? » Ce 18 juillet 1989, Pink Floyd se produit au stade Vélodrome, et Chris Waddle a été pris pour Roger Waters. Il a dû être vexé, mais un peu flatté quand même tant il aime la musique…

Après le duo Waddle-Boli, ambiancés comme jamais, d'autres Marseillais vont se mettre à chanter ! Abedi Pelé, Éric Lada et Carlos Mozer enregistrent en 1992 « I Like The Life » sous le nom des Black Balls, Les Boules noires, à ne pas confondre avec Boule Noire et le fameux « Aimer d'amour ». Et comment ne pas aimer d'amour ce titre, lui aussi enregistré à Aix-en-Provence, qui est décidément aux footballeurs-chanteurs marseillais ce que Détroit est à la Motown… ? La prod a un petit côté Janet Jackson période Jimmy Jam et Terry Lewis… Mais, en version française, c'est plus Jean Jambon et Thierry Levy ! Les Black Balls n'ont pas enchaîné sur un deuxième single… C'est donc un bide et puis s'en va. « Bide It ! » aurait dit Michael Jackson s'il était encore en vie, et francophone de surcroît. Si vous aimez les bides, vous allez être servis. Voici une compilation de *tracks* chantés par quelques footballeurs mélomanes qui ont fait du mal à la musique. Appelons-les donc des « malomanes ». Un top 10 maléfique.

1. Pascal Olmeta, « Tape dans un ballon »

Un titre à se taper la tête contre les murs, sorti en 1994, alors que Pascal vient de quitter l'OM pour garder les buts d'un autre Olympique, l'Olympique Lyonnais. Malheureusement, Pascal Olmeta n'a pas tapé que dans un ballon, mais aussi dans la face de Jean-Luc Sassus, coéquipier défenseur à l'OL, accusé de marquer de trop près sa femme. Sacré Pascal, un vrai poète, pourtant ! « Fleurs de tags sur béton pour décor chimérique/ L'horizon grafitti a cassé tes musiques/ Y'a une bille de flipper qui cogne dans ta tête/ Tu sais plus où aller, t'es mal dans tes baskets. »

2. Paolo Rossi, « Domenica, alle tre »

Décédé en 2020 à l'âge de soixante-quatre ans, Rossi reste le héros de la Coupe du monde 1982 en Espagne. Un Mondial que le numéro 9 italien n'aurait pas dû jouer. Il y a pourtant inscrit six buts et a mené la Squadra Azzurra à la victoire. Personne n'avait vu venir Paolo Rossi. Il n'était qu'un appelé de dernière minute du sélectionneur national, Enzo Bearzot, qui l'avait convoqué contre toute logique, malgré le scepticisme de la presse et des tifosi. Rossi sortait à peine d'une longue et controversée suspension, prononcée en mars 1980 dans le *Totonero*, une affaire de scandale de matchs truqués et de paris illégaux en Italie.

Durant cette longue période d'inactivité, Paolo s'ennuie, et quand on s'ennuie, c'est bien connu, on fait des bêtises. Paolo, qui pense que sa carrière de footballeur est derrière lui, se dit que chanteur, ce serait pas mal comme projet. C'est aussi ce qu'a dû se dire le pizzaiolo qui, le premier, a choisi de mettre de l'ananas dans une pizza. Mais dans les deux cas, ce sont des idées d'un goût discutable. Paolo enregistre « Domenica alle tre », une chanson italienne quasi folklorique. Dans ce chef-d'œuvre, il est question de femme et de football. Paolo supplie son épouse de le laisser tranquille le dimanche à trois heures de l'après-midi. Ce qu'il veut, Paolo, c'est kiffer la vibe avec son match et que sa moitié l'oublie pendant quatre-vingt-dix minutes. Un dimanche cent pour cent foot. Mais zéro pour cent de succès pour Rossi : n'est pas Tino qui veut. Petit Papaolo n'a finalement pas persévéré dans la chanson mais a effectué, presque deux ans après « Domenica alle tre », un *come-back* inespéré dans le monde du football. Paolo Rossi le footballeur est une légende, le chanteur une erreur.

3. Marius Trésor, « Sacré Marius »

« Je suis un enfant des îles/ Je suis né sous le soleil/ Du côté de Pointe-à-Pitre/ La vie a un goût de miel/ J'ai quitté la Guadeloupe/ Pour aller à Ajaccio/ Mon cœur n'avait plus de doute/ La Corse est un pays chaud. » Marius Trésor aurait pu signer son autobiographie, mais il a choisi de raconter sa vie dans cette chanson parue en 1978. C'est grâce à Julien Clerc que Marius est devenu chanteur. Au micro d'Europe 1, il se souvient : « J'étais en stage avec l'OM, et je reçois un coup de fil du secrétaire de Julien Clerc, qui me dit que Julien Clerc voudrait m'avoir comme invité dans l'émission de Jacques Chancel, "Le Grand Échiquier". Julien Clerc m'a ensuite appelé et m'a demandé si je voulais qu'on fredonne une chanson antillaise ensemble. Je lui ai répondu que non, que j'étais footballeur et pas chanteur. Arrivé sur le plateau, Julien Clerc me demande quand même de fredonner une chanson avec lui. Donc, on a chanté une vieille chanson antillaise. »

Et voilà, Marius s'est laissé tenter et enregistre « Sacré Marius », que Francky Vincent n'aurait pas renié tant la musique est festive et entraînante. Ce bon Francky aurait cependant à coup sûr opté pour un texte moins autobiographique et essentiellement tourné autour d'une partie de notre anatomie que la décence me pousse à ne pas nommer ici, mais qui rime avec Marius pour vous aiguiller un peu.

4. Gerd Müller, « Raba da da »

Les stats de Müller sont époustouflantes. Soixante-huit buts en soixante-deux sélections avec la Mannschaft, soixante-cinq buts en soixante-quatorze matchs de Coupes d'Europe et trois cent soixante-cinq perles enfilées en quatre cent vingt-sept rencontres de Bundesliga. Pas mal pour un chanteur ! Car Gerd demeure l'un des footballeurs les plus prolifiques en matière de chansons. Entre 1969 et 1974, il publie quatre singles, rien que ça !

Le premier, « Raba da da », n'est pas son meilleur, ou du moins pas son moins pire. En 1969, il sort ensuite « Das gibt ein Schützenfest », un nouvel opus qui aurait dû une bonne fois pour toutes lui faire prendre conscience que la chanson, ce n'est pas pour lui. Ce *track* totalement frappadingue est truffé d'effets sonores avec une prod qui tente tant bien que mal – mais surtout mal – de s'inspirer du magique *Sgt. Pepper's Lonely Hearts Club Band.* Avec Gerd, ça sent très fort la fête de la bière. Le pompon reste sa troisième tentative, « Dann Macht Es Bumm » : on dirait du Annie Cordy sous kétamine, avec une pochette qui laisse imaginer que, le jour de la séance photo, les gars n'avaient pas toutes leurs facultés.

5. Enzo Scifo, « Gagné d'avance »

Oh purée, la pépite que voici ! Sur le terrain, Enzo le Belge, c'était la classe, l'élégance. Ce titre, c'est l'exact contraire. Enzo Scifo, d'origine sicilienne, a choisi, en 1985, alors qu'il vient d'être sacré champion de Belgique avec Anderlecht, de passer derrière un micro pour ce qui pourrait quasiment s'apparenter à une cover du titre « Le Rital » de Claude Barzotti, un des tubes de l'époque. La musique est donc signée Toto « Lasciatemi cantare » Cutugno, sur un texte de Jacques Duvall, qui n'est pas un manche puisqu'on lui doit, entre autres, les textes de « Banana Split » – tiens, encore un truc que Francky Vincent aurait pu chanter – ou de « La Fièvre dans le sang » pour Alain Chamfort. « Je voyais "Gagné d'avance" comme une chanson à la gloire de ces immigrés italiens qui réussissent partout dans le monde à force de confiance et d'optimisme », a déclaré Duvall lors d'une interview. C'est vrai, le texte est explicite, mais le *track*, s'il était joueur de foot, aurait le niveau National 3. Enzo méritait mieux, incontestablement.

6. Youri Djorkaeff, « Vivre dans ta lumière »

« Les cons, ça ose tout, c'est même à ça qu'on les reconnaît », fait dire Michel Audiard à Lino Ventura dans *Les Tontons flingueurs*. Youri est loin d'être un demeuré, mais quelle mouche l'a piqué quand il a décidé d'enregistrer « Vivre dans ta lumière », titre quasi christique ! « Princesse, tant de choses nous séparent/ Ma vie, c'est le hasard/ J'ai tatoué sur mes bras/ Tagué dans ma mémoire/ Le dessin de nous deux/ Le duo de tes yeux/ Posé sur ta peau noire/ Fragile comme du buvard/ Mouillé par tes larmes/ Qui tombent sur mon cœur/ Comme une rose sacrée. » Puissant.

Nous sommes en 2000, et peut-être l'avons-nous enfin trouvé, le bug de l'an 2000. C'est Youri. Surnommé « Le Snake » du temps de sa splendeur sur le rectangle vert, Youri a dû avaler des couleuvres quand ce titre est sorti : les critiques ont fusé de toutes parts mais, avouons-le, c'est bien mérité. Youri tente tant bien que mal de rapper les paroles de ce *track* aux arrangements « ophéliewintesques » époque « Dieu m'a donné la foi ». Si la police du flow existait, Youri aurait pris perpète.

7. Emmanuel Petit (et Sophie Thalmann), « Un an déjà »

Petit est grand. En 1999, un an donc après le 3-0 infligé au Brésil en finale de Coupe du monde, Petit et l'ex-Miss France

Sophie Thalmann décident d'enregistrer un titre pour fêter ça. C'est assez improbable comme duo, mais les duos improbables, l'histoire de la musique en compte pas mal : Mireille Mathieu et Patrick « Bobby Ewing » Duffy, Larusso et B-Real de Cypress Hill, Dorothée et Jerry Lee Lewis, Bernard Tapie et Doc Gynéco... Alors pourquoi pas Sophie et Emmanuel ?

Il faut se replonger dans l'époque. En 1999, les Bleus ne touchent plus terre. Ce sont des dieux vivants, qui enchaînent pubs et matchs sans connaître l'échec. Difficile de rester lucide dans ces moments-là. Porté par la *win*, Petit, sans que le doute l'habite, enregistre donc ce dispensable *track* au côté de Sophie Thalmann, qui vient de rejoindre l'équipe de « Téléfoot » et Thierry Roland, qui avait un jour déclaré que « le football n'est pas exactement prévu pour les femmes journalistes ». Bienvenue Sophie !

Le titre « Un an déjà », loin d'être une merveille, a au moins le mérite de s'appuyer sur une mélodie déjà connue de tous, « Santiano » de Hugues Aufray, rendant l'ensemble moins indigeste. Emmanuel Petit n'en a pas totalement terminé avec la chanson : après l'épisode « Un an déjà » il produit en 2015 le disque de Grégory Bakian, ex-champion de kart reconverti dans la chanson. Après cette ultime tentative d'incursion dans le monde de la musique, Manu est rentré au paddock, c'est mieux comme ça.

8. Joël Bats, « L'Escargot »

« Je suis balourd, mais très gentil/ Et surtout, j'offre la garantie/ D'un toit solide pour abri/ Moi, je serai ton parapluie/ Gros escargot gris amoureux/ Cherche limace gaie, jolie/ Pour une sortie sous la pluie/ Pour un essai de vie à deux. » L'escargot est un gastéropode chanté parfois dans les comptines pour enfants, mais on n'a jamais vu un groupe de rock ou un rappeur énervé célébrer un escargot dans l'une de leurs chansons. Joël Bats s'y est risqué en 1986, juste avant la Coupe du monde mexicaine. À croire que le soleil lui a tapé sur la tête avant même qu'il ne s'y soit exposé. Il existe sur YouTube une archive télé tout à fait exceptionnelle où l'on voit Joël Bats, alors gardien de l'équipe de France, chanter devant ses camarades des Bleus l'autre chanson qu'il a publiée, « Soli Solitude », un grand moment de… solitude où le numéro un des Bleus, dans une sorte de slam avant l'heure, interprète ce titre devant ses frérots totalement hallucinés qui devaient se demander s'il était bien raisonnable de laisser ce garçon garder les cages de l'équipe pour la Coupe du monde au Mexique. « Je me suis écrit une lettre hier, histoire de voir comment va la vie pour moi/ J'ai longtemps hésité, assis sur le trottoir, la peur d'être dérangé, d'être maladroit sans doute. »

Pensez ce que vous voulez, mais personnellement, je refuserais de partager ma chambre pendant une Coupe du monde avec un gars qui s'écrit une lettre et qui a peur de se déranger. Joël est un peu flippant sur les bords, vous ne trouvez pas ? La sortie de ce 45 tours de légende juste avant la compétition ne l'empêchera pas de réaliser une Coupe du monde d'un très haut niveau, avec en point d'orgue l'arrêt du penalty de Zico en demi-finale, qui fera pleurer tout un pays. Zico, tiens, parlons-en !

9. Zico (et Fagner), « Batuquê de Praia »

Numéro 10 brésilien de légende, il a peut-être raté son penalty face à Bats mais peut se vanter d'avoir sorti un *track* plus honorable que celui de notre Joël national. En 1982, Zico interprète « Batuquê de Praia » en duo avec Raimundo Fagner, pas le plus connu des chanteurs *do Brasil.* « Le Pelé blanc », qui comme Platini ou Cristiano Ronaldo fait partie des légendes du football à n'avoir jamais gagné de Coupe du monde, s'en donne à cœur joie dans ce *track* que l'on imagine aisément diffusé lors du Carnaval de Rio ou de Salvador de Bahia.

Chanteur honorable et joueur impeccable, Zico a toutefois un CV d'entraîneur plus foutraque que les conférences de presse de Raymond Goethals à la grande époque : Kashima Antlers (Japon), équipe nationale du Japon, Fenerbahçe (Turquie), FC Bunyodkor (Ouzbékistan), CSKA Moscou (Russie), Olympiakós Le Pirée (Grèce), l'AS Saenfédémiles (Boukistan), Flamengo (Brésil), équipe nationale d'Irak, Al-Gharafa SC (Qatar), FC Goa (Inde). J'ai glissé une petite blagounette dans la liste, comme ça, cadeau, histoire de faire travailler vos « zicomatiques » !

10. Tony Vairelles, « Des gens bien »

Tony Vairelles a fait du slam : cette phrase peut sembler aussi incongrue que « Trump a viré démocrate » ou « William Prunier, en fait, il était juste maladroit, pas méchant ». Et pourtant, Tony la gagne a bien enregistré un EP de cinq titres... Cinq de trop. Né à Nancy, Vairelles est devenu une légende lensoise. À tel point qu'en 2013 Tony enregistre quelques titres pour le peuple sang et or. C'est durant son passage derrière les barreaux après une fusillade devant une discothèque que Tony rencontre un certain Thierry Coignard. Ce voisin de cellule slame toute la journée et Tony trouve ça cool. En sortant de zonzon, il devient zinzin de slam au point d'entrer en studio. Il publie « Des gens bien », qu'il dédie aux Ch'tis : c'est aussi naïf que sympathique. « Mon cœur à moi est sang et or », clame Tony que l'on croit sincère. On peut également se délecter du titre « Une vie gâchée », que Tony slame avec Thierry, son ancien camarade de cellule. On y apprend que voler, c'est pas bien, et que potentiellement, la prison, ça peut être bien chiant. Rien de transcendant, donc, mais je vous conseille néanmoins de jeter une oreille aux slams de Tony.

Vous allez me dire « C'est facile de se moquer de Tony "Montana" Vairelles ou de Pascal Olmeta », c'est vrai. Leurs prestations sont certes plus douteuses que le port de chaussettes hautes dans des sandales, mais leurs méfaits dans le monde de la musique restent toutefois relativement insignifiants. Cela étant dit, d'autres footballeurs s'en sont bien mieux sortis micro en main. Voici la crème de la crème, les nommés pour le Ballon d'or du meilleur footballeur-chanteur !

Évoquons tout d'abord le cas Éric Cantona. L'ex-footballeur-poète devenu peintre puis acteur et maintenant chanteur a au moins le mérite d'aller au bout de ses rêves. Mais Canto n'est pas Jean-Jacques Goldman, encore moins Leonard Cohen. « Il y a ceux qui disent que les cons, ça ose tout, c'est même à ça qu'on les reconnaît. Et puis, il y a ceux qui disent que le talent, c'est d'oser. Moi je préfère ça, oser », a dit Canto en s'inspirant d'Audiard. Canto a osé et a publié un EP, « I'll Make My Own Heaven », et un album live, *Cantona sings Eric.*

Canto avait déjà poussé la chansonnette avec Dionysos et Rachid Taha avant d'écrire ses premières chansons pour sa femme, l'actrice Rachida Brakni. Cantona cite Jim Morrison, Leonard Cohen, Nick Cave, Tom Waits comme références, mais, sur YouTube, les commentaires laissent imaginer que c'est plus à Gérard Lenorman que la musique de Canto fait penser. Morceaux choisis : « Cet accent... Merci de faire marrer le monde entier », « Oh le craquage de rire, merci pour ce grand moment d'humour, on dirait une parodie », « Quand on entend ça, on a envie de se faire péter le caisson. Et puis, un Français qui chante en anglais, ça m'a toujours fait marrer », « Quand la prestation se fait avec un chalutier de musiciens, on arrive à en sortir quelques morceaux pour les mouettes », « Pire chanteur depuis Charlemagne », « Déjà, comme acteur, c'est limite, mais alors comme "chanteur", c'est carrément atroce »...

La cruauté de ces gens... D'autant que, franchement, ce n'est pas si mauvais que cela ! Mais soyons assurés que Canto n'a que faire des critiques des *haters*. Il est et restera une légende en Angleterre, comme Kevin Keegan, qui lui non plus ne chante pas trop mal...

Kevin Keegan, « Head Over Heels In Love »

D'un côté, il y a Kevin qui gagne ; de l'autre, Kevin qui perd. Celui qui chante est très clairement le premier cité. Keegan, deux Ballons d'or à son actif, est l'un des meilleurs joueurs de l'histoire du football britannique. « Mighty Mouse », comme le surnommaient les supporters de Hambourg, était un joueur suractif, vif et techniquement surdoué. Il était aussi un chanteur, disons convenable. Il joue à Hambourg en 1979 lorsqu'il publie le titre « Head Over Heels In Love », composé par Chris Norman, qui a connu quelques succès dans la seconde partie des années soixante-dix. Une pépite.

Júnior, « Voa Canarinho (Povo Feliz) »

Latéral gauche virevoltant, élu Ballon d'or brésilien en 1992, Júnior grandit loin des favelas dans une famille aisée de Rio. Passé par Flamengo puis Torino en Italie, il sort en 1982 un titre qui lui va comme un gant, « Voa Canarinho (Povo Feliz) » dans lequel il chante « Vole, petit canari, vole, montre-leur que tu es un roi », rapport à sa tunique jaune, évidemment. Júnior a porté le maillot auriverde treize longues années sur ses dix-neuf ans en tant que footballeur professionnel. Un parcours sans faute. Júnior a fini sa carrière sur la plage, devenant l'un des meilleurs joueurs de *beach soccer* de l'histoire ! Et franchement, son *track* donne envie d'aller le rejoindre, caïpirinha en main, lunettes Ray-Ban® façon Stallone dans *Cobra* et moule-paquet à la Clavier dans *Les Bronzés.* La classe, quoi !

Sergio Ramos, « No me contradigas »

« Ne me contredis pas », dans la langue de Molière et de Jul. Vous ne me contredirez pas si j'affirme que Sergio Ramos est un sacré bon chanteur. Dans ce titre interprété au côté du groupe Los Yakis, l'Espagnol le plus tatoué de la Liga s'en donne à cœur joie dans un flamenco enjoué et très honorable. Sergio avait commencé sa carrière d'interprète en 2012 au côté de Canelita avec « A Quién Le Voy a Contar Mis Penas ». Moins réussi, voire un peu pénible, le titre a été interprété par Sergio Ramos en live à la télévision espagnole en 2013 dans une séquence très « Sacrée Soirée » de la grande époque. On y voit Sergio débarquer par surprise sur le plateau de l'émission « El Hormiguero » diffusée sur Antena 3 et pousser la chansonnette pour sa bien-aimée, Pilar Rubio, qu'il épousera six ans plus tard. « Je suis fier d'elle. Je pense avoir un véritable diamant à la maison, dont je dois m'occuper le mieux possible », conclut Sergio après avoir chanté tout sourire devant Pilar, toutes dents dehors elle aussi.

Apparemment, entre les deux tourtereaux, la mélodie du bonheur semble truffée de fausses notes ces derniers temps, les rumeurs de divorce se multiplient et, si Sergio devait se retrouver seul, ce serait l'occasion rêvée pour lui de faire son *come-back* dans le milieu de la chanson, interprétant tel un crooner ibérique la complainte d'un homme délaissé. À ce propos, je lui recommande une adaptation de la chanson de Garou, « Seul », un titre qui serait alors totalement de circonstance.

Ian Wright, « Do The Right Thing »

Ian Wright, footballeur anglais et légende d'Arsenal, a sorti son premier single, « Do The Right Thing », le 16 août 1993, un titre produit et co-écrit par Chris Lowe des Pet Shop Boys. Ian ne se refuse rien ! Si cette chanson ressortait aujourd'hui, elle ne serait pas ridicule. C'est l'un de ses coéquipiers d'Arsenal, Paul Merson, qui est responsable des débuts de Wright dans la musique. Ian Wright était passionné de musique, il jouait même du saxophone ténor, et ça, Merson le savait. Il a donc présenté Ian Wright à Steve Kutner, un fan d'Arsenal travaillant au sein du label M&G Records. Ils ont décidé de produire un morceau aux accents house. Chris Lowe, lui aussi supporter d'Arsenal, a accepté de réaliser le *track*, qui est, comme la vie de Ian Wright, une réussite.

Il faut dire que Ian Wright partait de loin. Il fut élevé par un beau-père violent qui interdit à son gamin durant toute son enfance de regarder l'émission culte « Match Of The Day ». Le petit Ian, déjà fan de football, devait rester dans un coin, le visage contre le mur, pendant toute la durée de l'émission. L'ironie de l'histoire, c'est que vingt ans plus tard, Ian est devenu consultant pour « Match Of The Day » et l'est resté pendant vingt-sept ans ! Une belle revanche. Ian Wright a fait ses adieux à ce show d'anthologie le 21 mai 2024, aux côtés de Gary Lineker et Alan Shearer visiblement émus. Adulé parce que sympathique, Ian Wright amuse depuis ses abonnés sur les réseaux sociaux en chantant de temps à autre au volant de son véhicule. Le voir hurler « Smells Like Teen Spirit » est totalement jubilatoire !

Jesé, « Yo Sabia »

En 2016, tout droit venu du Real Madrid, Jesé débarque au Paris Saint-Germain contre vingt-cinq millions d'euros. Un *fail* total. Jesé sera prêté en Espagne, à Las Palmas puis au Betis Séville, avant de rejoindre la Premier League et Stoke City puis le Sporting Portugal. Huit saisons, huit clubs. Jesé est, disons-le tout net, passé à côté de sa carrière de footballeur, lui que l'on annonçait à Madrid comme le nouveau Ronaldo. Mais là-bas, dans la capitale espagnole, Jesé a surtout connu des galères, comme ce jour où son appartement a explosé à cause d'une fuite de gaz. Il a aussi connu Aurah Ruiz, une jeune femme star de la téléréalité espagnole avec qui il va faire les choux gras de la presse à scandale. Et, en la matière, Jesé est un bon client. Entre engueulades XXL et réconciliation inattendue, le couple s'en est donné à cœur joie dans le grand n'importe quoi.

Mais s'il y a un domaine dans lequel Jesé Rodríguez excelle, c'est la musique ! En 2015, Jesé crée le groupe Big Flow, sans Oli, donc, mais avec DJ Nuno, son gars sûr. Un an plus tard, Jesé est moins sûr du gars et décide de voler de ses propres ailes. Il s'appellera Jey M. Son truc à lui, c'est le reggaeton. Évidemment, on n'est pas chez Bryan Ferry : Jesé est au dandysme ce que Desigual est à la haute couture. Néanmoins, force est de constater que Jesé n'a pas tout raté dans sa vie. Preuve qu'il s'est trompé de métier : lors de son arrivée au PSG, il a dû se prêter au douloureux exercice du bizutage et, en toute modestie, a interprété son tube « Yo Sabia ». Sa meilleure prestation parisienne.

Memphis Depay, « No Love »

Lui, c'est le champion. Le GOAT des joueurs de football qui chantent. Enfin, qui rappent et qui chantent, ce qui n'a pas toujours enchanté ses coachs, comme Bruno Genesio qui dirige Memphis lors de son passage à Lyon et découvre un jour d'entraînement son joueur cigare à la bouche dans son dernier clip. Memphis est difficile à suivre, sauf sur les réseaux sociaux.

Personnage clivant, joueur hors norme, Depay n'a jamais caché son amour pour le rap, quitte à se mettre à dos les supporters, toujours enclins à lui reprocher sa dispersion provoquée par sa dévorante passion. « Ma première session studio, c'était à quatorze ans. J'ai été plus qu'un athlète depuis le premier jour. Donc, les gens ne devraient pas me juger là-dessus. Sur le plan mental et spirituel, j'y gagne.[7] »

Les supporters des différents clubs où il a évolué n'ont jamais totalement compris Memphis. Pour un supporter, un joueur doit se contenter de jouer au football, puis il doit rentrer chez lui dormir, avant de reprendre le chemin du terrain d'entraînement. Mais un joueur a des émotions, des envies, des passions. Depay s'exprime depuis ses débuts aussi bien sur le terrain que micro en main, un point de vue que ne partage pas Charlie Nicholas, ancien attaquant international écossais d'Arsenal devenu consultant sur Sky Sports et qui a déclaré : « C'est un joueur de cirque. C'est le Neymar du pauvre. Quand il dribble un joueur, il attend qu'il revienne pour tenter de le dribbler à nouveau. »

Memphis et la musique, ça commence au sein du collectif Rotterdam Airlines, un label de rap batave. Il flirte avec le son *dirty south* à la Lil Wayne, avant, rapidement, d'injecter de l'émotion dans ses sons. Jusqu'à se servir de ses *lyrics* pour faire passer des messages aux journalistes ou aux *haters*. Moins bling-bling qu'il n'y paraît, Memphis n'hésite pas à se montrer tendre et fragile, ce qui n'est pas chose commune pour un rappeur comme pour un footballeur. Lui, il assume sa fragilité. On n'a jamais vu un joueur de foot dire, les larmes aux yeux, dans une interview d'après-match : « On a payé cash nos erreurs, je demande pardon à nos supporters. » Enfin, personne à part

7. *Views*, septembre 2020.

Thiago Silva, coutumier du fait, lorsqu'il portait les couleurs du PSG. Lui, il mouillait le maillot, souvent avec ses larmes.

Je vous invite à aller découvrir le travail de Depay et à prendre le temps d'écouter les créations de l'attaquant batave. Offrez-vous un aller simple sur la route de Memphis.

DIDIER DROGBA

Didier Drogba a lui aussi chanté. Il nous révèle qu'un inédit existe… Et franchement, on aimerait bien l'écouter…

« Ton premier souvenir musical, c'est Michael Jackson, mais d'autres artistes ont marqué ton enfance ?

Je me souviens surtout qu'avec mon oncle on écoutait la musique en voiture. J'étais à Dunkerque, c'était l'éclosion de Kassav'. On écoutait aussi beaucoup de musique congolaise. Plus tard, Julio Iglesias est entré dans ma vie, ma mère était fan de lui ! Globalement, j'ai toujours été bercé par la musique. Je suis ultra-sensible avec la musique, les sons, les arrangements. Je suis toujours fasciné par les artistes, les producteurs, tous ces musiciens qui donnent vie à des chansons. Quand je découvre un morceau qui me plaît beaucoup, je peux l'écouter cinq cents fois ! Il faut que j'entende tous les sons qui le composent dans leurs moindres détails.

Qu'ont en commun les footballeurs et les musiciens ?

Il faut avoir un peu d'*ego* pour être chanteur ou footballeur. Il faut être sûr de soi malgré l'adversité. De plus, il y a le regard permanent des gens sur ton travail, tu es jugé, il faut être fort. Il te faut du courage aussi et, je le répète, un minimum d'*ego* pour durer et rester au top.

À propos de quelqu'un au top, tu es pote avec Drake !

Nous nous sommes rencontrés en 2012, à Londres. Il est venu voir un match de Chelsea, c'est un gros fan de football, je lui ai offert les chaussures du match. En plus, j'avais marqué ! Je l'ai même fait taper dans la balle à Stamford Bridge. Plus tard, lors d'un barbecue avec des amis, on a joué au foot, j'étais gardien, et il m'a mis un penalty. La vidéo a tourné sur les réseaux sociaux !

Chez les *Frenchies*, Bigflo et Oli étaient à ton dernier anniversaire.

Je les adore, j'aime beaucoup ce qu'ils font et, plus encore, j'aime qui ils sont. J'aimerais aussi citer Fally Ipupa parce qu'il fait de la musique congolaise, celle qui a bercé mon enfance, et je pense à des artistes comme Papa Wemba, Pepe Kalle, Koffi Olomidé. Voilà le panthéon de mes artistes ! Fally Ipupa, pour moi, c'est le Michael Jackson africain, il a révolutionné la musique congolaise et il a apporté une diversité dans les pas de danse. C'est l'un des meilleurs danseurs de musique congolaise, si ce n'est le meilleur.

Puisque tu parles de danse, tu as quand même popularisé le coupé-décalé !

En fait, tout commence en 2001. Je rejoins l'équipe nationale de Côte d'Ivoire, je joue mes premiers matchs, et un soir, à Abidjan, on va en boîte avec quelques amis. Là, je découvre un mouvement musical qui commence à prendre, le coupé-décalé. Lors du match qui suit, je dis à mes coéquipiers : "Si je marque, je fais un pas de coupé-décalé !" J'ai marqué et j'ai donc tenu ma promesse. Puis, en rentrant en France, je prends le même pari avec un pote avant un Guingamp-Marseille, je jouais à Guingamp. Là aussi, j'ai marqué ! C'est devenu de la folie après cette célébration, mon nom s'est retrouvé dans des tas de chansons dans la foulée !

Le nombre de chansons avec ton nom dedans est insensé : Afro B, JKSN, Gutti, 2 Mètres, Magic Diezel... Tu connais tous ces artistes ?

Je ne les connais pas tous, mais on m'a fait une playlist dans laquelle on retrouve toutes les chansons qui citent mon nom, c'est assez incroyable, effectivement.

Quand on chantait ton nom dans un stade, ça te transcendait ?

Un truc comme ça, ça peut te rendre dingue, ça te fait voyager dans une autre dimension, tu te sens plus fort, en confiance, et tu peux tenter ce que tu veux. En tant que joueur, on cherche à vivre le plus possible des moments comme ça. Tu planes, littéralement. Quand on chante ton nom, c'est aussi une récompense de ton travail, donc ça te stimule pour redoubler d'efforts. Ces moments, en harmonie avec le public, je sais que ça m'a permis de faire basculer des matchs.

Quels sont tes meilleurs souvenirs d'ambiance de stade ?

2004, à Marseille, contre Newcastle, en demi-finale de Coupe de l'UEFA, puis à Anfield Road, évidemment, et Galatasaray, où j'ai joué en 2013-2014. Une ambiance dingue, ça chante partout, même chez les VIP. Les gars dans les loges, ils sont en transe !

Quelle musique d'entrée voudrais-tu entendre si tu devais recommencer à jouer ?

Van Halen, je reprends "Jump"...

Tu as chanté aussi avec Magic System ?

Oui, j'ai également enregistré un titre avec Doc Gynéco, mais il n'est jamais sorti ! Nicolas Anelka était aussi dans le coup. Il faudrait que je retrouve ce morceau. Je vais appeler Doc Gynéco pour récupérer ce *track* immédiatement ! »

Toute la planète foot a chanté – ou presque. Les fortunes sont diverses, que les footeux chantent pour la bonne cause, comme Michel Platini qui pousse la chansonnette pour Les Restos du Cœur en 1986, pour les besoins d'une publicité comme Cristiano Ronaldo en 2010 ou par passion comme Memphis Depay. Mais tous, sans exception, sont entrés dans un studio d'enregistrement avec la ferme intention de réaliser un fantasme, goûter quelques instants au moins au doux rêve de devenir une pop star. À l'inverse, et c'est ce que nous allons maintenant pouvoir observer, les plus grands artistes sont des supporters en puissance. Certains sont devenus présidents de club, d'autres des joueurs émérites, mais tous, à coup sûr, donneraient la moitié de leurs tubes pour jouer une finale de Champions League.

J'AURAIS VOULU ETRE UN FOOTEUX

Rod Stewart

Gamin, Rod Stewart est fan de Brentford. Âgé de quinze ans, il fait même un essai d'une semaine au Brentford FC, qui ne le rappellera pas, ce qui ne lui laisse pas le moindre regret, comme il le révèle dans son autobiographie : « La vie de musicien est beaucoup plus cool. Je peux à la fois me bourrer la gueule, faire de la musique et le tout en pouvant aussi jouer au football. »

Roderick David Stewart grandit à Highgate, un quartier populaire du nord de Londres, dans une famille écossaise. Papa est fan d'Hibernian FC et s'occupe même d'une équipe de jeunes. Chez les Stewart, le foot est une religion et, en devenant une rock star, Rod ne va cesser d'assouvir sa dévorante passion. D'abord, il faut rendre à Stewart ce qui appartient à Stewart. Il est le premier artiste de son calibre à arborer fièrement des maillots de foot dans son quotidien. Dans les années soixante-dix, sur scène, « Rod The Mod » a même l'habitude d'envoyer vers son public des ballons de foot dédicacés !

La grande histoire de Rod dans le football, c'est le Celtic Glasgow. Si son père soutenait Hibernian, le fiston n'a qu'un club dans sa vie : le Celtic. Tout commence en 1971 : Rod et ses potes des Faces viennent de donner un concert à Glasgow. Le lendemain, Kenny Dalglish, déjà proche du chanteur, vient frapper à la porte de la chambre d'hôtel de Rod. Il est huit heures du matin et Rod est à peu près aussi frais qu'un clubber en descente le dernier jour de Burning Man. Kenny propose à son camarade rock star de venir s'entraîner avec les joueurs du Celtic. Rod décline, mais, quelques heures plus tard, se pointe frais comme un gardon à la fin de l'entraînement. Il rencontre Jock Stein, le légendaire coach du Celtic. C'est le coup de foudre. Stein convertit Rod Stewart. Pendant des décennies, Rod s'affiche sur scène et dans les magazines avec le maillot rayé vert et blanc du Celtic. Il arrive même à évoquer son club de cœur dans l'une de ses chansons, « You're in My Heart », en 1977, dans laquelle il compare sa fiancée d'alors avec son équipe favorite : « You're Celtic, United/ But baby I've decided you're the best team I've ever seen. »

Pas étonnant que, devant autant d'amour, le Celtic ait offert à vie quelques places VIP à la rock star ! L'image qui résume le mieux l'amour inconditionnel que porte Rod Stewart au Celtic, c'est lorsqu'il a pleuré à chaudes larmes dans les tribunes du Celtic Park, en novembre 2012, après une victoire de ses protégés face au grand Barça en Ligue des champions. Rod Stewart, un rocker qui a du cœur ! Plus récemment, à Las Vegas, il annonce à la fin de son show qu'il offrira un verre à quiconque se pointe avec le maillot du Celtic au pub de Gordon Ramsay, situé juste à côté de la salle de concert. Des dizaines de fans de Rod et du Celtic ont répondu à l'appel et Rod fut délesté de quelques milliers de dollars, mais quand on aime on ne compte pas !

Le Celtic a toujours su attirer à lui des stars de la musique. De Susan Boyle à Lewis Capaldi en passant par Bobby Gillespie, leader de Primal Scream. Avant la gloire, Jim Kerr, leader écossais de Simple Minds, bossait dans l'arrière-boutique d'une boucherie à Glasgow. Seul fan du Celtic dans son équipe de bouchers, il était régulièrement enfermé pendant des minutes entières dans la chambre froide par ses camarades fans des Rangers. Peut-être pour se venger de cet affront, il se met en tête, en 1999, de racheter avec Kenny Dalglish le Celtic alors mal en point pour venir contrer la suprématie des Glasgow Rangers. Un échec cuisant. Être président de club et star mondiale de la chanson n'est pas un privilège donné à tout le monde. En fait, un seul a réussi l'exploit de concilier ces deux fonctions avec talent : sir Elton John.

Elton John

Elton John fait aujourd'hui encore partie des cinquante artistes les plus écoutés sur Spotify. C'est une légende vivante de la musique, qui a reçu tous les honneurs qu'il est possible de recevoir, mais l'une des récompenses qui a dû le toucher le plus reste l'inauguration de la tribune portant son nom au Vicarage Road Stadium de Watford, en 2014.

L'histoire d'amour entre sir Elton John et le football commence alors qu'il n'est qu'un enfant. Reginald Kenneth Dwight, dit Elton John, grandit à Pinner, au nord de Londres, à quelques kilomètres de la ville de Watford. À cinq ans, il y voit son premier match de football, un souvenir qui l'a marqué à tout jamais. C'est ainsi qu'en 1976, alors au sommet de sa gloire, Elton décide de racheter le club de Watford, se bombarde président du Watford FC et affiche des ambitions que même les plus optimistes qualifient de fantaisistes. Ça tombe bien, la fantaisie, Elton, c'est un truc qu'il connaît plutôt bien !

Dès sa première saison à la tête du club, alors que Watford végète en quatrième division, Elton prend des décisions fortes. Il renvoie le manager-joueur Mike Keen et engage Graham Taylor, un jeune entraîneur qui vient de faire monter Lincoln City en troisième division. Le ticket Taylor-John s'avère rapidement gagnant. En 1978, Watford monte en troisième division et s'offre le luxe d'éliminer Manchester United lors du troisième tour de la League Cup. En 1979, Watford est promu en deuxième division. En 1982, emmené par un jeune joueur de dix-sept ans, John Barnes, Watford joue en Premier League et termine deuxième derrière Liverpool l'année même de son accession à l'élite !

L'histoire est belle, même si, en 1987, Barnes quitte le club pour rejoindre les Reds et Graham Taylor s'en va entraîner Aston Villa, ce qui provoque la relégation de Watford en deuxième division en 1988. Elton John veut passer la main. Le chanteur-président ne vit pas ses meilleures années. Même s'il vient de réaliser au début de la décennie quatre-vingt un *come-back* fracassant dans les charts avec « I'm Still Standing », Elton n'a plus le cœur à grand-chose. Plus cocaïné que le Maradona des grands soirs, il vend Watford mais demeure président honoraire à vie.

Sir Elton John se fait plus rare ces dernières années dans les tribunes de Watford. Âgé de soixante-dix-sept ans, il a longtemps été la seule star du showbiz à diriger un club de football, jusqu'à ce que Robbie Williams, que l'on a beaucoup comparé à Elton John, ne prenne à son tour les rênes d'un club de foot britannique.

Robbie Williams

Ex-membre du groupe Take That dans les années quatre-vingt-dix, Robbie Williams est devenu l'une des pop stars les plus emblématiques des années deux mille. Étrangement méconnu aux États-Unis, où il a enchaîné les défaites avec ses différents albums, il demeure une icône outre-Manche, où sa passion pour le football ne s'est jamais démentie. En 2006, Robbie devient actionnaire du Port Vale Football Club, l'équipe de foot de Stoke-On-Trent, ville de naissance de Robbie. Le chanteur, connu pour ses excentricités et son caractère zlatanesque, aime tellement son équipe de cœur qu'il avait imposé que celle-ci soit intégrée à *FIFA 2000*, après que les créateurs du jeu l'ont contacté pour obtenir les droits d'une de ses chansons.

Installé à Los Angeles pour fuir les paparazzi et son statut de superstar européenne, il crée en 2007 une équipe de football amateur qu'il baptise tout naturellement LA Vale. L'expérience tourne court lorsqu'il se rend compte que deux de ses camarades de club l'ont délesté de près de quatre cent mille dollars. Sympa, les potos ! Plus récemment, Robbie a dû se justifier d'un soi-disant doigt d'honneur donné en mondovision lors de la Coupe du monde 2018. Invité à chanter pour le match d'ouverture, Robbie affirme que le doigt levé face caméra n'était en rien un doigt d'honneur mais qu'il signifiait simplement qu'il lui restait une minute de chanson à interpréter. Mais bien sûr, Robbie… Il faut dire que les Britanniques n'ont pas apprécié de voir Robbie chanter en Russie, trouvant qu'il vendait son âme au diable. Il est donc fort probable que ce doigt d'honneur « involontaire » ne le soit absolument pas, il s'adressait sûrement à ses concitoyens britanniques qui n'ont cessé de le critiquer toute sa carrière durant… Les images parlent d'elles-mêmes.

Robbie Williams, c'est un Liam Gallagher *light*, capable de péter les plombs, mais avec un certain flegme britannique. On ne peut en tout cas pas remettre en cause sa passion pour le club de sa ville natale puisqu'il en est devenu le président en janvier 2024. Lors d'un événement qui s'est tenu en février dernier, au Ròbbie's, le bar du club, Mr Williams a officialisé sa prise de pouvoir. « Je suis très fier d'être votre président, a-t-il déclaré. Ne me traitez pas différemment, c'est tout ce que je demande ! » Pas sûr qu'il soit entendu, mais bien essayé, Robbie ! Port Vale n'est peut-être pas le club le plus glamour d'Angleterre mais a bénéficié d'une exposition sans précédent grâce à ce président pas comme les autres. Néanmoins, outre-Manche, le club le plus soutenu, celui que les rockers ont choisi, c'est Queens Park Rangers.

Queens Park Rangers

Enfant, le très turbulent Pete Doherty avait créé un fanzine à la gloire du club, *All Quiet On Western Avenue*. L'ex-Libertines a même révélé avoir pris de l'acide pour la première fois dans l'enceinte de Loftus Park, le stade des QPR.

On ne sait pas si Robert Smith a pris de l'acide et lu le fanzine de Pete, mais le chanteur des Cure, fan de foot, roule lui aussi pour QPR. En 1992, dans une entrevue accordée au *Melody Maker*, il répond à la question « que souhaitez-vous pour cette nouvelle année ? » : « Une fin à toutes les guerres, famines et autres maladies, une harmonie raciale, religieuse, politique et sexuelle, la paix et l'amour, que l'Angleterre gagne le Championnat d'Europe et que Queens Park Rangers gagne la Cup. » Queens Park Rangers, c'était le club de son père, de son frère… Bref, chez les Smith, on aime QPR. Robert Smith est tellement fan de foot qu'il peut décaler les dates d'une tournée si un événement footballistique inattendu se produit. En 1993, au détour d'une interview pour un magazine de rock français, il évoque l'OM, dont il n'a cure : « Pour un Anglais, le sud de la France, c'est le bout du monde, c'est très méditerranéen, très latin. Surtout Marseille. Mais il y a une excellente équipe de foot. Ils sont si bons qu'on se demande pourquoi ils ont dû arranger des matchs ! Et puis voir Marseille et Milan arriver en finale, c'est le choc des super *ego* de deux présidents, c'est presque de l'idéologie nazie : "C'est moi qui ai réalisé cette énorme réussite ! Moi ! Avec ma volonté, mon super *ego* !" Si Tapie a des ambitions politiques, je crains le pire... » L'ancien ailier gauche de Crawley qui rêvait de jouer pour l'équipe d'Angleterre a fait une croix sur ses rêves de gamin, mais l'enfant qui sommeille en lui est resté un fan de ballon rond capable de pleurer après une défaite de son équipe de cœur. Et pourtant, « Boys Don't Cry », chante-t-il...

Les rockers et QPR, c'est une histoire qui dure depuis fort longtemps, puisque Glen Matlock des Sex Pistols et Mick Jones des Clash ont publiquement reconnu leur amour pour le club de l'ouest de Londres. Enfin, dans le tout dernier clip de Wham !, le duo porté par George Michael, son acolyte Andy Ridgeley arbore un maillot de QPR. « The Edge of Heaven » sera la chanson des adieux des deux Wham !, qui se sont séparés sans même une fâcherie, sans même un clash. Pourtant, il y a des Clash que l'on aime particulièrement !

The Clash

Nous sommes en 1979, dans une Angleterre en pleine vague punk. Dans le quartier de Westminster se trouvent les studios Vanilla. C'est là que The Clash répète les morceaux de ce qui va devenir un double album de légende : *London Calling*. L'ambiance au sein du groupe n'est pas bonne, genre France 2010 mais sans Ribéry et ses tongs. Leur manager historique Bernie Rhodes a été viré, remplacé par Johnny Green, qui a la bonne idée de choisir les studios Vanilla pour ressouder un groupe en proie au doute.

À deux pas des studios, un espace vert assez grand pour accueillir des parties de foot à cinq contre cinq. Joe Strummer, Mick Jones, Paul Simonon et Topper Headon invitent donc des gamins du coin à taper dans le ballon avec eux jusqu'à épuisement. « On se faisait un foot pour se détendre avant de commencer à répéter. On jouait jusqu'à ce qu'on tombe et ensuite on jouait de la musique. C'était un bon échauffement », déclare Strummer dans le rockumentaire *The Clash* édité par le groupe en 2014. « Je pense que nous nous sommes vraiment retrouvés à cette époque, ajoute Mick "QPR" Jones, et le football y était pour beaucoup. Cela nous a rapprochés, comme si nous ne faisions qu'un. »

Le 14 décembre 1979, le double album *London Calling* sort dans les charts, et c'est aujourd'hui un classique ! À propos de la chanson-titre, « London Calling », Joe Strummer a avoué avoir dû réécrire toutes les paroles de la chanson à la demande de Mick Jones en s'inspirant de la foule qui erre dans les rues de Soho après un gros match de foot. The Clash serait donc définitivement le groupe le plus foot d'Angleterre… Quoique…

Oasis

« Oasis, Oasis, c'est bon, c'est bon », chantait ce bon Carlos dans les années quatre-vingt. Faisons nôtre cette maxime pour célébrer, non pas la boisson, mais le groupe des frères Gallagher. Oasis a livré quelques-uns des meilleurs titres de ces trente dernières années, de « Supersonic » à « Wonderwall ». Et ce qui caractérise Oasis, c'est aussi la confrontation fratricide entre

Liam et Noel. C'est un peu comme les oppositions Arsenal-Tottenham, ou AC Milan-Inter : ils ont la même origine mais ne peuvent pas s'encadrer. Les Gallagher sont en désaccord sur tout, sauf sur une chose : Manchester City. Originaires de la classe ouvrière de Manchester, les frangins malgré eux sont fans de la première heure de City, « le club des gens de la rue », comme l'affirmait Noel aux *Inrocks* en 1994.

Le souci, c'est qu'en 2008, City devient émirati et que l'on ne peut pas vraiment affirmer « les Émirats, c'est la *street* ». Ils auraient pu lâcher l'affaire, mais, comme le disait Cantona, cité plus tôt dans cet ouvrage, « on ne peut pas changer de club de cœur ». En 2012, Liam, très en forme, accorde une interview au magazine espagnol *Panenka* : « Je m'en fous si les gens à l'étranger aiment ou non l'arrivée des cheikhs à City. Il faut de l'argent pour attirer de bons joueurs. Bien sûr, certains diront : “L'argent a ruiné la Premier League.” À ceux-là, je dis : “Réveillez-vous, c'est comme ça que ça marche aujourd'hui.” » Liam, aujourd'hui réconcilié avec Noel, a quand même trouvé le temps de mettre deux, trois tacles à son chanteur de frère. « Noel n'était qu'un défenseur. Moi, je suis un ailier qui rentre à l'intérieur, rapide comme une flèche, avec le but en ligne de mire. Comme Arjen Robben. Sauf que, moi, je ne frappe pas le ballon : je rentre avec dans le filet. »

La première référence à City dans l'œuvre d'Oasis, on la retrouve dans le clip *The Masterplan*, sorti en 1995, où l'on voit les Gallagher représentés se promenant dans le Manchester de leur enfance. Ils passent devant Maine Road, le stade que fréquentait leur père avec ses bambins dans les années quatre-vingt. Plus tard, en 1997, lors d'un concert à Manchester, Noel, joyeux comme jamais, entonne un chant moquant Manchester United devant des fans des Red Devils partagés entre l'idée d'insulter leur chanteur préféré et se taire sans se faire respecter.

Mais il vaut mieux ne pas chauffer Noel qui, comme son frère, a le sang chaud.

Le 18 septembre 2012, au stade Bernabéu de Madrid, Liam est même expulsé de la tribune pour avoir manifesté à sa façon son mécontentement devant le déroulement de la rencontre, remportée dans le *money time* par le Real. Il devait, à ce moment-là, se sentir investi d'une mission particulière puisqu'un an plus tôt il enregistrait sa version de « Blue Moon », l'hymne de City, à la demande du club. Pour les remercier de cette preuve de confiance, il déclare dans la presse : « Soyons honnêtes : la plupart des joueurs n'ont aucun goût ni pour le choix de la musique ni pour celui des vêtements. Ils s'habillent de manière ridicule et écoutent les Black Eyed Peas. Au moins quatre-vingt-dix pour cent des footballeurs sont des idiots finis. »

Noel a toujours été plus mesuré. Dans une vidéo récente visible sur le Net, on peut le voir au sein du kop de supporters lors de la victoire en 2024 des Skyblues contre Fulham. Il est le seul fan des Citizens à ne pas réaliser la *Poznań dance*, cette célébration qui consiste à se mettre dos au terrain, épaule contre épaule, et à sauter sur place dans un mouvement coordonné. Cette version skyblue de « Tourner les serviettes » n'est pas du goût de Noel, et cela donne des images surréalistes que je vous recommande vivement. Noel s'est montré plus enthousiaste en 2019 dans le vestiaire de l'Etihad Stadium lorsque les joueurs de son équipe de cœur ont entonné « Wonderwall » pour célébrer le titre de champion d'Angleterre.

Oui, Oasis et le football, c'est décidément une affaire qui roule. Notons enfin que l'ex-bassiste du groupe, Paul McGuigan, a publié un livre consacré à la légende Robin Friday, un footballeur très Gallagher dans l'esprit, capable de jouer sous acide ou de déféquer dans les vestiaires adverses. L'histoire ne précise pas si le gars, en plus du reste, fumait de la marijuana, mais je mettrais bien un billet dessus quand même…

Bob Marley

La légende du reggae aimait tellement le football… qu'il a fait onze enfants. Et encore, il est fort probable que des remplaçants n'aient pas encore été identifiés ! Bob Marley était un fan de Pelé et d'Osvaldo Ardiles, champion du monde 1978 avec l'Argentine et légende de Tottenham. Marley aime regarder les matchs de football, il s'inspire des gestes de ceux qu'il admire, avant de reproduire les attitudes de ses idoles sur le terrain. Une vraie éponge, ce Bob. « J'aime le foot parce qu'il faut être un artiste pour le pratiquer. Quand nous jouons au foot, nous jouons aussi de la musique. Le football, c'est la liberté », disait-il.

Le Jamaïcain n'a jamais cessé de jouer au football, et lorsqu'il partait en tournée, il se débrouillait pour organiser un match de foot dans chaque ville visitée. La France a d'ailleurs joué un rôle dans l'histoire de la légende de Marley. Nous sommes le 9 mai 1977, au pied de la tour Eiffel. Il pleut des cordes, mais les Wailers, le groupe de Bob, sont tout de même prêts à en découdre, même totalement fumés. Ce soir-là, ils affrontent l'équipe des Polymusclés, un collectif de célébrités et de journalistes footballeurs emmené à cette occasion par Herbert Léonard. Ici, on joue pour le plaisir, mais les journalistes n'apprécient guère de voir débouler ces musiciens jamaïcains spliff au bec et pensent ne faire qu'une bouchée de Bob et ses potes. Marley joue ailier gauche, mais, après seulement un quart d'heure de jeu, il se blesse au gros orteil à la suite d'un tacle trop appuyé, va se faire soigner au Hilton juste à côté du terrain et revient soutenir ses camarades en se plaçant derrière le but adverse, d'où il peut admirer au plus près la cascade d'actions que ces derniers se procurent. Les Wailers l'emportent 6-1, mais son orteil fait sérieusement souffrir Marley. « Ça passera », se dit-il. La douleur persiste et Bob se résout à consulter un docteur qui lui annonce que si l'ongle de son orteil a noirci, c'est qu'il s'agit en fait d'un mélanome. Il faut amputer le doigt de pied au plus vite. La religion rastafari interdit l'amputation, Marley refuse donc. On lui retire l'ongle, pensant guérir le cancer…

2 juillet 1980, Nantes. En concert chez les Canaris, Bob Marley demande à jouer contre les pros du FC Nantes à La Jonelière, leur centre d'entraînement. D'un côté, cinq Jamaïcains : Bob Marley, Al Anderson, Junior Marvin, Carlton Barrett et Alan Cole. De l'autre, Henri Michel, Loïc Amisse, Gilles Rampillon, Bruno Baronchelli et Jean-Paul Bertrand-Demanes. Les Nantais l'emportent 4-3, avec deux buts de Marley. Le FC Nantes a d'ailleurs rendu hommage à Marley à l'occasion de la sortie du biopic *One Love*, avec le chanteur Tété reprenant la chanson-titre « One Love » au milieu de la pelouse.

Bob Marley et le football, c'est une histoire qui va tourner court après sa prestation nantaise. Deux mois plus tard, à New York, une série d'examens médicaux révèle que le mélanome s'est propagé. Le cancer s'est généralisé. Bob Marley tente de se faire soigner en Suisse puis à Los Angeles, avant de s'éteindre le lendemain de l'élection de François Mitterrand, le 11 mai 1981, à seulement trente-six ans. Si la légende raconte que c'est à la suite de ce match au pied de la tour Eiffel que Bob Marley a développé son cancer, il n'en est rien. Au contraire, c'est ce jour-là que Bob Marley a pris conscience que quelque chose ne tournait pas rond. Le football lui a ouvert les yeux, mais Marley, au nom de sa religion, a préféré ne rien faire. Bob Marley, génie du foot pour les uns, piètre sportif pour les autres, demeure néanmoins le Pelé du reggae.

Iron Maiden

Créé en 1975, le groupe de heavy metal aux cent millions d'albums vendus a carrément son équipe de foot ! En tournée, ils affrontent qui veut se frotter à eux, et c'est du sérieux. Steve Harris, bassiste et membre fondateur d'Iron Maiden, est probablement le plus accro au ballon rond de la bande. Il est passé à deux doigts de devenir joueur professionnel pour West Ham. Sa passion pour son club de cœur est restée intacte, il porte même sur sa basse Fender Precision l'écusson des Hammers. Mais le plus beau dans cette histoire reste la collaboration entre West Ham et Iron Maiden, qui a donné lieu à la naissance d'un maillot collector floqué à l'effigie des métalleux. Sorti en 2019, il n'a jamais été porté lors d'un match officiel mais demeure une pièce indispensable pour tout fan de heavy metal et de football qui se respecte.

Aussi incroyable que cela puisse paraître, ce genre de collaboration est loin d'être une première.

En 1993, le groupe Wet Wet Wet, dont vous connaissez forcément quelques-uns de leurs refrains sirupeux à souhait, sponsorise le club écossais de Clydebank FC. Avec Wet Wet Wet, les joueurs ont bien mouillé le maillot.

Six ans plus tard, Fatboy Slim, DJ et producteur britannique de talent, vient au secours de son équipe préférée, Brighton and Hove Albion Football Club, et offre cent mille livres à son club chéri. En échange, le logo de son label Skint Records est apposé sur le devant des maillots du club pendant une saison.

En 2006, Motörhead sponsorise l'équipe B des moins de dix ans de Greenbank, dans le Lincolnshire. Tout ça après que l'entraîneur a envoyé un mail sur le site du groupe en proposant cette idée sortie de nulle part. Lemmy et ses potes ont accepté la proposition, et des gamins en short ont couru avec le logo de Motörhead sur la poitrine pendant toute une saison.

Une initiative qui a peut-être inspiré The Prodigy. Le groupe de musique électronique au son XXL a sponsorisé l'équipe des moins de treize ans de Eastleigh, dans le Hampshire. Liam Howlett, membre fondateur de The Prodigy, est à l'initiative de ce geste après avoir appris que les bambins s'entraînaient sur leur morceau « Warrior's Dance », qui n'est pas exactement du Lara Fabian : les entraînements devaient être musclés !

2017 : Jake Bugg, connu pour son folk rock fort sympathique, se fait plaisir et sponsorise son équipe bien-aimée Notts County au moment de la sortie de son nouvel album. Bugg fait le buzz, et toute la planète football britannique en parle alors. Riche idée.

2018 : Les Libertines, emmenés par le fan des Queens Park Rangers Pete Doherty et son camarade Carl Barât, deviennent sponsor officiel du Margate Football Club, situé dans le Kent et qui évolue en septième division. Il faut dire qu'à Margate, Les Libertines ne sont pas des inconnus puisqu'ils ont déjà ouvert un hôtel-studio, « The Albion Rooms », en bord de mer.

Enfin, en mai 2021, la pop star Ed Sheeran annonce qu'il devient le nouveau sponsor de son équipe fétiche, Ipswich Town. Les équipes masculines et féminines jouent depuis cette date avec Ed Sheeran sur la poitrine. À l'été 2024, Ed devient même actionnaire du club et entre au capital du promu en Premier League à hauteur de 1,4 %. C'est un bon début. En France, pour le moment, on n'a pas vu un seul artiste sur le maillot d'une équipe de foot. Je suggère néanmoins que Jul appose pour un match son nom sur le maillot du PSG, histoire de voir…

Pink Floyd

« New car, caviar, four-star daydream/ Think I'll buy me a football team », entend-on dans le classique de Pink Floyd

« Money ». Comme Iron Maiden, les Flamants Roses ont créé leur équipe de foot. En 1973, sur la couverture de la compilation *A Nice Pair*, on distingue clairement une équipe de foot au centre du montage photo. Roger Waters est gardien, et ses camarades David Gilmour, Richard Wright et Nick Mason sont également de la partie. Ce cliché a été pris lors d'un match du Pink Floyd FC, l'équipe officielle des Floyd, que l'on surnomme « First Eleven ». En tournée, Pink Floyd organise des rencontres, partout où le groupe passe, ce qui le fait affronter toutes sortes d'adversaires, jusqu'à l'équipe des danseurs de ballet de Marseille.

Quelques mots sur les talents footballistiques des Floyd. Dans les buts, Roger Waters était, dit-on, très à l'aise dans les sorties aériennes, pas étonnant vu la musique qu'il pratique alors. Nick Mason était un vrai combattant, un mix entre Éric Di Meco et Bixente Lizarazu. Bixente Di Meco, quoi ! Les autres se débrouillent, plus à l'aise cependant sur scène que sur le rectangle vert.

Une autre photo du Pink Floyd existe. Elle date de 1975, l'année du prodigieux *Wish You Were Here*. Le maillot blanc-bleu est devenu rayé blanc-vert, mais la passion est restée la même. Les Londoniens ont également injecté quelques sons footballistiques dans leur musique. En 1971, à la fin du morceau « Fearless », on peut entendre le « You'll Never Walk Alone » du kop de Liverpool enregistré lors d'un derby entre Everton et les Reds, musique dans laquelle on peut distinguer des « Everton, Everton » couverts par les sifflets des supporters des Reds. Le choix de « You'll Never Walk Alone » a sûrement dû donner lieu à d'âpres discussions au sein du groupe, les avis divergeant concernant les équipes à supporter. Mason et Wright étaient clairement des fans de Liverpool, alors que Waters et Gilmour partageaient la même passion pour Arsenal – c'est bien la seule chose sur laquelle ils aient jamais été d'accord tous les deux,

Gilmour ayant récemment déclaré : « Rien ne me ferait partager une scène avec Waters. » On ne sait pas réellement pourquoi les Floyd ont choisi d'insérer « You'll Never Walk Alone » dans l'une de leurs créations. Peut-être était-ce un message destiné à Syd Barrett, cofondateur du groupe avant d'être évincé en 1968 parce qu'il était trop barré, Syd, constamment dans le cosmos.

À propos de cosmos, et pour fermer la page Pink Floyd, il existe des clichés de David Gilmour sur scène en 1977 dans le Wisconsin, au Milwaukee County Stadium, l'enceinte des Green Bay Packers, dans le cadre de sa monstrueuse tournée mondiale *In the Flesh.* Sur ces photos, le guitariste-chanteur porte un t-shirt à l'effigie du New York Cosmos, la franchise américaine de *soccer* dont tout le monde parle alors et dont Pelé est la star incontestée. Gilmour se justifiera en affirmant que le design du maillot et le logo l'ont fait craquer. C'est vrai qu'il est beau ce maillot ! Tellement craquant que j'ai moi aussi voulu en acquérir un, et si cela vous intéresse aussi, sachez qu'eBay en propose un exemplaire prétendument porté par Pelé que vous pourrez vous offrir moyennant la somme ridicule de vingt mille dollars. Ne m'en voulez pas, mais, sur ce coup-là, je vais passer mon tour !

Robert Plant

Robert Plant, cela ferait un super nom pour un avant-centre, toujours prié de planter des buts à foison ! Robert, légende de Led Zeppelin, voue un culte au Wolverhampton Wanderers Football Club, aujourd'hui en Premier League mais que Robert a accompagné dans ses heures les plus sombres. Tombé jusqu'en D4 dans les années quatre-vingt, le club, longtemps en proie à des difficultés financières, a toujours pu compter sur le soutien inconditionnel de Plant, aujourd'hui vice-président.

Depuis des années, les Wolves pénétraient dans le Molineux Stadium au son des tubes de Led Zeppelin interprétés par leur vice-président : « Stairway to Heaven », « Kashmir » et « Whole Lotta Love ». Mais Plant vient carrément de créer un mix de « Whole Lotta Love » et « Kashmir » pour l'entrée de ses joueurs sur le terrain lors des matchs à domicile.

Icône incontestée du rock et des fans de Wolverhampton, Plant devient supporter des Wolves dès l'âge de cinq ans, après que son père l'a emmené voir un match au stade. Son plus beau souvenir avec les « Loups » reste la finale de League Cup 1974, remportée 2-1 face à Manchester City. Une victoire célébrée comme il se doit par Robert dans tous les pubs proches de Wembley. Trois jours de fête ininterrompue qui ont failli lui coûter son mariage. Maureen, l'épouse en question, a quand même fini par s'en aller neuf ans plus tard, mais le football, lui, est resté dans la vie de Plant. On ne peut pas tout planter non plus !

Michael Jackson

Michael Jackson, fan de foot ! C'est aussi improbable que l'annonce d'un nouvel album des Beatles ou du retour à la compétition de Zinedine Zidane ! Et pourtant, il existe bien des images qui le prouvent : le « King of Pop » en pinçait (un peu) pour le *soccer*. Ainsi, ami du propriétaire de Fulham Mohamed Al-Fayed, Michael a été aperçu à plusieurs reprises dans les travées de Craven Cottage.

Le *climax* de cette *love story* entre Jackson et Fulham a lieu le 10 avril 1999. Ce jour-là, Fulham reçoit Wigan… et Michael Jackson, présent en tribune. Évoluant en troisième division anglaise sous la direction de Kevin Keegan, Fulham l'emporte 2-0 dans un match qui n'a pas dû donner très envie à Jackson d'y revenir tant le niveau fut faible. Mais l'image de Jackson protégé par un parapluie à l'effigie de Fulham et s'offrant un tour de terrain devant des spectateurs médusés vaut le détour. La plupart des spectateurs pensaient même qu'il s'agissait d'un sosie, abreuvant d'injures le pauvre Michael lors de son passage. Dans son autobiographie *My Life in Football*, Keegan se souvient de sa rencontre avec l'autoproclamé King of Pop : « J'étais sur le point de commencer mon discours d'avant-match quand M. Fayed est entré dans le vestiaire avec un grand sourire, suivi d'un gars mince et grand qui ressemblait à Michael Jackson. Et c'était vraiment lui. »

Michael, de son côté, accorde quelques mots surréalistes au *Daily Mirror* après la rencontre : « Je ne connaissais rien au football et je n'étais jamais allé à un événement sportif, donc c'était une superbe expérience. Je suis un fan de foot maintenant, clairement. Je suis accro. Les fans criaient et encourageaient leurs joueurs. J'ai adoré. » On ne le reverra jamais plus dans un stade de foot.

En 2011, deux ans après le décès de Jackson, une statue de Michael fut érigée à Craven Cottage, commandée par Al-Fayed. Initialement prévue pour le grand magasin Harrods, la statue fut finalement installée au stade. D'une ressemblance toute relative avec l'original, elle crée rapidement la polémique, mais Mohamed Al-Fayed n'en a que faire, affirmant à qui veut l'entendre que ceux qui n'aiment pas sa statue aillent en enfer ! L'ex-beau-père de Lady Di, qui faisait alors la pluie et le beau temps à Fulham, proposait même un parapluie Michael Jackson à la boutique du club.

Cette petite plaisanterie a cessé en 2013, sous la présidence de Shahid Khan qui a racheté Fulham à Fayed. À son arrivée, l'homme d'affaires d'origine pakistanaise décide de faire enlever la statue de Jackson, pourtant considérée comme un porte-bonheur par la plupart des supporters des Cottagers. Le fait est qu'à peine la statue retirée Fulham enchaîne les défaites et se trouve relégué en Championship. Fayed, toujours prompt à défendre son ami défunt, déclare au *Telegraph* : « Lorsque Khan a décidé de retirer la statue, je lui ai dit : "Comme tu veux, c'est un porte-bonheur, tu le regretteras plus tard." Maintenant, il va vraiment le regretter, car je l'avais prévenu. Je lui ai dit : "Tu payeras avec du sang pour cela", parce que les gens l'adoraient. C'était une grosse erreur, mais il a payé pour. Il a été relégué et s'il se réveille et me redemande la statue de Michael Jackson, je lui répondrai : "Pas moyen." » De 2014 à 2019, la statue a été exposée au National Football Museum à Manchester avant d'être retirée à la suite de la diffusion de l'épouvantable documentaire *Leaving Neverland*, qui relatait des allégations d'abus sexuels contre Michael Jackson.

Plus incroyable encore, une série de clichés existe de Michael Jackson arborant le maillot de l'OGC Nice. Ces photos, cocasses, datent de 1983 et ont une histoire. Michael est alors sur le toit du monde. Son album *Thriller* caracole en tête des charts du monde entier. L'homme qui vient de populariser le *moonwalk* croule sous les demandes d'interviews et, à la demande d'un grand journal américain, il accepte de recevoir un journaliste et un photographe dans la propriété familiale des Jackson, à Hayvenhurst, Californie. Todd Gray, le photographe en question, demande à Jackson de porter un pull *casual* moins excentrique que les tenues que Michael pouvait porter à cette période de sa vie. Todd Gray s'en souvient lors d'une entrevue accordée à *L'Équipe* : « Michael est alors apparu avec ce maillot de foot. J'ai tout de suite adoré l'idée, car ce maillot était différent de ce qu'il portait d'habitude et le mot inscrit dessus (*Olympia*) en caractères gras avait quelque chose de puissant. »

Mais comment diable un maillot de l'OGC Nice saison 1979-1980 s'est-il retrouvé chez les Jackson ? Cela reste un mystère. Le photographe a juré de ne pas avoir apporté le maillot lui-même et a affirmé à maintes reprises que Jackson avait insisté pour faire la séance photo avec ce maillot. Une enquête – digne de Columbo ou Derrick, peu importe, en tout cas par un gars super fort en enquêtes – a même été menée. Aurait-il pu se le procurer lors de sa tournée mondiale de 1980, passée par la France ? Impossible, car son dernier concert chez nous eut lieu le 2 mars 1979 et le maillot n'existait pas encore. Il est possible qu'un styliste ou un membre de son staff lui ait offert ce maillot et que le nom du sponsor Olympia floqué sur celui-ci ait séduit Michael. Un maillot décidément bien mystérieux et porté par une autre star sans que l'on n'ait jamais su pourquoi. En mai 1980, Iggy Pop, plutôt enclin à chanter torse nu, s'affiche sur scène avec le même maillot, mais là encore, personne n'a jamais su pourquoi. Entre le « King of Pop » et Iggy Pop, un mystère *very* Nice demeure…

Pusha T

Porter un maillot de football sans rien connaître du club en question, il n'y a pas que Michael qui en soit capable. Sauf que la mésaventure du rappeur Pusha T aurait pu lui coûter cher. Présent lors du festival annuel de hip-hop de Brooklyn en 2013, il se pointe sur scène avec un maillot de l'AC Milan. Jusque-là, rien de bien grave. Pusha T a rencontré quelque temps auparavant Mario Balotelli, et c'est pour lui faire un clin d'œil que Pusha T arbore le maillot rayé rouge et noir des Rossoneri. Si cette histoire est devenue une affaire un peu gênante, c'est parce qu'au dos du maillot, ce n'est pas le nom de Balotelli qui a été floqué, mais le mot *Camorra*, qui est certes – avec un seul *r* – le nom d'un ex-joueur international roumain qui évoluait dans les années deux mille dix au CFR Cluj. Mais Pusha T aurait eu du mal à se cacher derrière cette pauvre explication. La Camorra, c'est surtout le nom d'une organisation criminelle mafieuse qui opère à Naples, en Italie. Et ça, les Milanais, ils n'ont pas trop aimé l'amalgame. Les Napolitains de la Camorra non plus.

Pusha T n'aurait pas pu faire pire, à part peut-être porter un maillot du Real au milieu des supporters barcelonais un soir de *Clasico*. Balotelli, victime collatérale de cette étrange affaire, a tout de même été mêlé en 2011 à un procès ubuesque dans lequel des membres de la Camorra étaient jugés pour blanchiment d'argent. Selon Armando De Rosa, membre du clan Vanella Grassi qui opère alors à Scampia, au nord de Naples, Balotelli aurait vendu de la drogue lors de son passage dans la région en 2010. De Rosa affirme que Balotelli a demandé « pour rigoler » s'il pouvait vendre lui-même un peu. Il a donc vendu de la drogue à un gars. « Je me souviens même que nous avons demandé au drogué s'il reconnaissait Balotelli, mais il ne croyait pas que c'était lui », a déclaré De Rosa lors du procès.

Balotelli a nié cette accusation, mais soyons honnête, compte tenu de son CV assez chargé en termes de grand n'importe quoi, l'info reste crédible.

Snoop Dogg

Pour en finir avec cette histoire de maillot porté par des stars américaines de la musique, saluons Snoop Dogg, qui enfume les publics du monde entier depuis des années en leur faisant croire qu'il est un fan invétéré de l'équipe de foot de la ville dans laquelle il vient jouer. Le rappeur, devenu la mascotte non officielle des JO 2024 de Paris, a pris pour habitude depuis des années de porter des maillots de football et demande de se faire offrir un maillot de foot de l'équipe locale dans toutes les villes où il passe. Ainsi, on l'a vu porter pas moins de vingt-quatre maillots de clubs et sept d'équipes nationales : Marseille, AC Milan, Barcelone, Nantes, Manchester United, Liverpool, Galatasaray, Croatie, Leicester, Brésil, Bayern Munich, Mexique, Chelsea, Colo-Colo, Brighton, Queens Park Rangers, Real Madrid, Arsenal, Espagne, Chili, Munich 1860, Portugal, Flamengo, Allemagne, Norwich, Lyon, Lille, Celtic Glasgow, Juventus, PSG, Metz.

Champion toutes catégories, il met à mal la citation de Cantona sur la supposée fidélité à un seul club *ad vitam æternam*. En revanche, il n'a jamais porté le maillot de l'Ajax Amsterdam, ce qui reste tout de même assez surprenant. Néanmoins, il a relayé sur ses réseaux sociaux un post des ultras marseillais à l'occasion d'un OM-Ajax lors duquel le Commando Ultra a dévoilé en bas du virage Sud une bâche à l'effigie de Bob Marley avec l'inscription « Smoke them all ! » (« Fumez-les tous ! »).

Mais trêve de moquerie, car si Snoop porte des maillots, c'est parce qu'il aime vraiment le foot ! Et la raison de cet amour pour le *soccer*, la voici. Nous sommes en 2003, Snoop est en tournée en Europe. Entre deux concerts, dans sa suite d'hôtel, il branche sa Playstation 2 pour jouer, comme d'habitude, à *Madden*, le jeu de foot américain, énorme succès outre-Atlantique, mais moins connu chez nous. Mais ce jour-là, *Madden* abandonne la partie. Le disque est rayé. Snoop envoie un assistant au magasin le plus proche pour acheter un autre exemplaire, mais *Madden* n'est pas disponible. Alors l'assistant, plein de bonnes intentions, se dit que *FIFA* fera l'affaire. C'est le coup de foudre. Snoop découvre le football. Dix ans plus tard, il devient même porte-parole officiel de la franchise. Snoop kiffe Lionel Messi et Cristiano Ronaldo, mais son idole reste Ronaldo le Brésilien. Il est aussi très pote avec le plus américain des footballeurs anglais, David Beckham, à qui il a demandé d'investir à ses côtés dans le Celtic Glasgow, ce que Beckham, dans un grand moment de lucidité, a refusé.

Enfin, Snoop Dogg soutient, en bon Ricain, l'équipe américaine de football féminin. On a d'ailleurs pu le voir dans la cabine du commentateur Andrés Cantor pour Telemundo lors du quart de finale États-Unis-Japon aux JO 2024. Il y est allé de son « Goooooaaaaaal », dix secondes de grand n'importe quoi que le Net, évidemment, se plaît à moquer.

En conclusion, l'histoire de Snoop avec le foot, c'est un peu comme la carrière de Xavier Gravelaine – seize clubs en seize ans de carrière : on y trouve tout et n'importe quoi.

On trouve aussi un peu à boire et à manger chez les stars étrangères qui aiment le foot.

En vrac, Drake supporte Toronto FC, dont il est l'ambassadeur numéro un, et c'est un appel de l'artiste canadien qui aurait convaincu Jermain Defoe d'accepter une offre du club en 2014.

Chelsea a le soutien de Damon « Blur » Albarn, Ellie Goulding, Mark Ronson et Kiss, qui s'est fendu d'un message vidéo souhaitant bonne chance à leur équipe favorite dans la course au titre en 2016.

Manchester United peut compter sur les soutiens de Justin Timberlake, devenu fan des Red Devils après être tombé par hasard sur Alan Smith dans le hall de son hôtel avant un concert à Manchester. Alan lui a offert des places pour un Manchester United-West Ham et la magie a opéré. En contrepartie, Justin a invité Alan Smith et Wayne Rooney à assister à son concert. C'était en 2007. L'histoire ne dit pas si, depuis, Justin et Wayne se sont revus pour boire un verre, mais, au regard de leurs déboires respectifs en la matière, on leur conseille d'éviter de se fréquenter ! Pour être complet sur les fans des Red Devils, Miley Cyrus, Mick Hucknall (Simply Red), Ian Brown, et Morrissey font également partie des supporters de United.

Liverpool a ses adeptes, comme Lana Del Rey – qui adorait Luis Suárez et qui a carrément enregistré une version *a cappella* de « You'll Never Walk Alone » – et Dr. Dre, rappeur milliardaire qui pourrait s'offrir n'importe quelle équipe de notre Ligue 1 et qui voue un culte à John Barnes. Mais quand on pense Liverpool et musique, on pense Beatles. John Lennon était fan, mais Paul McCartney préfère Everton, alors que Ringo Starr soutient Arsenal. George Harrison, bien qu'étant homonyme d'un international anglais ayant joué dans les années vingt, ne semblait pas particulièrement intéressé par le sujet.

West Ham a ses *aficionados*, comme Barack Obama, un fan de foot et de musique, Dave Grohl et Katy Perry. Cette dernière avait été élue « fan la plus sexy de West Ham » lorsqu'elle supportait les Hammers, par amour pour son ex, l'acteur Russell Brand, fou de West Ham.

Le Barça peut compter sur Manu Chao, qui a chanté « Rumba de Barcelona », Justin Bieber, qui n'a pour le moment rien chanté pour le club, mais le Barça a perdu le soutien de Shakira, qui a quitté la ville après avoir rompu avec Gerard Piqué, non sans un message pour ses fans catalans posté sur Instagram : « Merci à tous ceux qui ont surfé avec moi sur les vagues de Barcelone, la ville où j'ai appris que l'amitié dure plus longtemps que l'amour. Merci à tous ceux qui m'ont aidée, qui ont séché mes larmes, qui m'ont inspirée et qui m'ont fait grandir. » C'est beau, on dirait du Canto.

FRENCH TOUCHE

En France, les artistes ont mis longtemps à déclarer leur flamme aux footballeurs. Ces deux mondes, pourtant très similaires en bien des points, ne se sont finalement trouvés qu'en 1998, lorsque les Bleus sont devenus des pop stars, invités par les (vraies) pop stars à les côtoyer. Avant France 1998, rares furent les musiciens capables d'afficher ouvertement leur amour du ballon rond, et il était presque mal vu dans le milieu de la musique d'afficher sa passion pour le foot. Certes, il y a bien le Variétés Club de France, créé en 1971, qui a accueilli en son sein des anciens footballeurs et quelques artistes, comme Salvatore Adamo, Patrick Bruel, et plus récemment M. Pokora. Il y a encore les soutiens d'artistes composant les hymnes officiels de grandes compétitions, mais, on l'a vu, c'est souvent plus gênant que glorieux…

Naturellement, les deux clubs les plus suivis par nos chanteurs people demeurent l'OM et le PSG. Soprano et Jul ont déjà rempli le stade Vélodrome, ce sont de vrais fans de Marseille, ville où ils sont nés. « Quand l'OM joue, je deviens quelqu'un d'autre », affirme même Soprano, qui ne dit pas s'il devient Alto, mais ce serait drôle. Akhenaton du groupe IAM a carrément dessiné le maillot noir et orange de la saison 2012-2013 que l'OM a porté en Coupe d'Europe cette année-là. Au dos, un vers du rappeur marseillais a même été gravé… avec une faute d'orthographe. Un *s* s'est malencontreusement invité en terminaison de l'adjectif « orange », théoriquement invariable. Dommage que Jul n'ait pas été consulté avant l'impression des maillots, car le J aurait vu le *s*, c'est sûr.

Le M, lui aussi, soutient l'OM. M. Pokora, bien entendu. Fils du footballeur André Tota, Matt Pokora avait tout pour devenir pro. En 2002, il passe un essai à Sedan, mais il a été plus brillant lors de son casting à « Popstars ». Il ne sera pas footballeur pro. M. Pokora, par ailleurs, n'a pas sauvé la vie de David Ginola quand, le 19 mai 2016, l'ex-numéro 11 du PSG s'écroule sur un terrain de foot, foudroyé par une crise cardiaque. Un an après les faits, Ginola a tenu à rétablir la vérité dans la presse, bien que M. Pokora n'ait jamais cherché à surfer sur cette fausse information.

Comme Pokora, Pascal Obispo est le fils d'un ancien joueur des Girondins de Bordeaux, Max Obispo, et sa passion pour le football ne s'est jamais démentie. Lui soutient les Girondins de Bordeaux et doit se sentir bien seul en ce moment.

Benjamin Biolay en pince pour l'OL, il a même composé l'hymne du club. Il aime autant l'OL qu'il déteste Saint-Étienne, au point de déclarer dans *So Foot* : « Si je ne joue pas à Saint-Étienne, c'est par conviction. C'est le club que je déteste le plus ! J'aime pas leur maillot, ça me dégoûte ! Et puis c'est un club qui n'a pas arrêté de nous faire la morale. » À quand un duo avec Mickey 3D, fan des Verts, qui a chanté Johnny Rep, comme évoqué plus tôt dans cet ouvrage ?

Orelsan, lui, roule pour le Stade Malherbe Caen quand Renaud supporte Anderlecht. Le chanteur a écrit « Allez les Mauves » avant de devenir la légende que l'on connaît : « Les Mauves, c'est pas des mauvais, c'est pas des mauviettes, ils sont pas moroses. » Les mauvaises langues diraient qu'il est plus jaune que mauve, Renaud, mais je ne pourrais pas cautionner ce genre de remarque de mauvais goût.

La tribune VIP du Parc des Princes reste la plus fréquentée de France quand il s'agit d'y compter les artistes présents. On y croise fréquemment Patrick Bruel, Michaël Youn ou encore JoeyStarr qui, lors d'un de ses concerts parisiens, apercevant un gars du public avec un maillot de l'OM, a crié « Fous-le-toi dans le cul, ton maillot, t'es à Paris, ici », une formule restée légendaire et devenue une banderole au Parc des Princes avant le Classique de 2009.

Patrick Bruel, lui, aime le PSG, mais beaucoup moins l'OGC Nice. Choisi par le club pour chanter lors de l'inauguration de l'Allianz Riviera en 2013, « Patoche » a été copieusement sifflé par les trente-cinq mille spectateurs venus assister à la rencontre Nice-Valenciennes et non à un mini-concert d'un fan du PSG. Des « Paris, on t'enc… » jaillissaient des tribunes pendant que Patrick, très pro, comme toujours, chantait comme si de rien n'était. Mais qui a le droit de faire ça ?

MICHAËL YOUN

« Michaël, tu es fan du PSG, mais quel est ton premier souvenir de foot ?

1981, Championnat de France, PSG-Metz. Mon père était supporter de l'OM, mais comme on habitait porte de Saint-Cloud, il m'emmenait au Parc des Princes. Un soir, on est dans la tribune Boulogne et on voit une bagarre avec des skinheads qui agressent un vieux monsieur. Mon père m'a dit : “On va changer de tribune.” On est partis côté Auteuil.

Papa fan de l'OM mais qui va au Parc, c'est marrant, ça !

Aller au Parc, c'était pour moi qu'il le faisait, et puis dans les années quatre-vingt, la rivalité PSG-OM n'existait pas encore, il a fallu attendre l'arrivée de Canal qui a “inventé” le Classique.

Tu as joué au foot ?

Très peu, mes parents ne voulaient pas, ma famille est arrivée en France sur la pointe des pieds et ne voulait pas qu'on la remarque, j'ai donc fait… du baseball et du hand ! En foot, je suis mauvais !

Dans ta chambre d'enfant, il y avait qui en poster ?

Maradona. Je l'ai toujours aimé. C'est une star, à la fois un politique, un mafieux, le meilleur joueur du monde… J'avais aussi Michael Jackson.

Quel est ton grand match mythique ?

Je me suis engueulé avec Yannick Noah sur ce sujet car je lui ai dit : "Mes meilleurs souvenirs de foot sont des défaites." Mon meilleur souvenir, c'est France-RFA en 1982, et pourtant j'ai beaucoup pleuré ! J'ai fait aussi une dépression après la Coupe du monde 2006 : pendant trois semaines, je n'ai parlé à personne. Mais en 1982, c'étaient des larmes d'enfant ! Yannick m'en veut car je ne cite pas 1998, il dit : "Ça, c'est la mentalité des *losers* français…"

As-tu une nostalgie de ton enfance de fan de foot ?

Oui, mais la vérité, c'est que j'ai revu le match de 1982, et ça joue à deux à l'heure ! Globalement, je dirais que, jusqu'en 2018, ça jouait, mais, depuis six ans, ça pue un peu. Il y a trop de matchs, les joueurs sont rincés, la nouvelle formule de la Ligue des champions, la Coupe du monde des clubs… Il y en a trop ! Je suis un malade de foot et je suis en train de me demander si ma passion ne s'estompe pas…

Ta passion pour les stades, elle, ne s'estompe pas ?

Oh non ! J'ai eu la chance de beaucoup voyager, je suis un fan de stades, des ultras, je peux passer des heures sur YouTube à regarder ce que chantent les supporters de San Lorenzo en Argentine ou ceux du Celtic Glasgow ! J'aime le mouvement ultra, les tifos, mais pas les bagarres, évidemment. Le stade dans lequel j'ai vécu mes plus belles émotions, c'est au Parc, notamment en 1993, PSG-Real Madrid, et, quatre ans plus tard, PSG-Steaua Bucarest, j'étais avec les Lutèce Falco, c'était fou ! Sinon, je suis allé en Argentine voir un match de Boca Juniors : là, tu comprends ce que veut dire avoir la passion du football. Quand je vois Trezeguet aller finir sa carrière en Argentine et d'autres joueurs prendre le chemin de l'Arabie saoudite… Je comprends leur besoin d'argent, mais j'ai plus de respect pour des mecs comme Trezeguet, Payet ou Gignac, qui vont terminer leur histoire dans des stades où ça sent le foot ! Je ne suis pas sûr que Verratti soit super motivé lorsqu'il joue depuis qu'il est parti du PSG !

Un bon chant de stade, c'est quoi ?

Il y a deux catégories. La première, ce sont ces chants que tu entends une fois et que tu peux chanter direct, type "Yellow Submarine". Ensuite, il y a les chants plus complexes, ce sont ceux qui te mettent les poils. Quand, au PSG, les ultras reprennent "Flower of Scotland" en le transformant en "Ô Ville Lumière", c'est sûr que si tu ne connais pas l'air, tu ne vas pas pouvoir chanter, ce n'est pas plus mal qu'il y ait un petit ticket d'entrée à payer avant de pouvoir participer ! À San Lorenzo, je me rappelle d'un moment où, avant le match, tout à coup, on entend une rumeur en dehors de l'enceinte, ce qui provoque un silence dans le Nuevo Gasómetro, puis on voit entrer tout en chantant des centaines de supporters dans le virage, soutenus ensuite par tout le stade. En Argentine, les meilleurs supporters, contrairement à ce qui se fait chez nous, entrent en dernier, ils font une véritable entrée d'artistes ! Rien que d'y repenser, j'en ai les larmes aux yeux !

Tu as été interdit de stade ?

Oui, pendant quatre mois, mais comme je me suis bien défendu, j'ai été interdit de stade seulement pour les matchs du

PSG. Comme c'était pendant l'Euro 2016, j'ai quand même pu aller voir l'équipe de France. Pour revenir à ma condamnation, c'est lors de la finale de la Coupe de France 2016 entre le PSG et Marseille que les faits se sont produits. Au troisième but parisien inscrit par Cavani, alors que j'étais dans les loges, j'ai sauté dans la tribune populaire et j'ai allumé un fumigène. Bon, je ne te cache pas qu'avec les caméras de surveillance, j'ai été repéré direct ! La police est tout de suite venue me chercher, dès le début de la deuxième mi-temps. Je leur ai dit : "Laissez-moi quand même voir la fin de la rencontre." Ils m'ont répondu : "OK, mais passez nous voir après." J'ai oublié, dans l'euphorie du moment, donc ils sont venus me chercher chez moi ! Pour ma défense, j'ai dit : "Je sais que les fumigènes sont interdits, mais dans ce cas, il faut supprimer toutes les images de la bande annonce de promotion de la Ligue 1 car il y a des fumigènes partout !" J'ai pris quatre mois.

Dans *Les Onze Commandements,* tu as failli avoir un autre gros souci...

Oh oui ! À Gerland, on s'est fait passer pour un groupe de musique venu de Saint-Étienne et on a chanté au milieu de la pelouse. On avait un complice, Jérôme Seydoux, qui était à la fois patron de la société Pathé, qui produisait *Les Onze Commandements*, et de l'OL. On lui a dit que l'on voulait faire un truc à la mi-temps, mais on ne lui a pas dit quoi... Donc, le speaker, quand je lui demande d'annoncer le groupe Wap doo Wap venu de Saint-Étienne, s'exécute parce qu'on est validés par Jérôme Seydoux, même s'il est inquiet pour nous sur le moment. En plus, on a chanté "Le lion est mort ce soir", j'avoue avoir eu un peu peur quand on l'a fait car Marc-Vivien Foé était mort peu avant et c'était un Lion Indomptable. Je craignais que le public pense que l'on se moquait de lui, alors qu'évidemment on voulait se moquer des Bad Gones ! C'était un match contre

Auxerre, et à cinq minutes de la fin de la première mi-temps, Auxerre mène 1-0. On nous dit alors : “Vous n’allez pas pouvoir chanter si on perd, trop dangereux pour vous.” Heureusement, Lyon égalise juste avant la mi-temps ! On l’a fait ! Depuis, à Saint-Étienne, je ne suis pas loin d’avoir une statue ! *(Rires)*

Et ton pire souvenir de foot ?

La remontada. Elle m’a coûté une télé : j’ai balancé la télécommande dans l’écran au cinquième but, j’ai suivi la fin du match sur mon téléphone ! Je sentais que le pire allait arriver. Ce qui est bien avec le PSG, c’est que, des pires, il y en a plein : Madrid, Manchester United…

Tu pourrais supporter malgré tout un autre club ?

J’ai bien essayé, mais je n’y arrive pas. Il y a quelque chose d’ésotérique dans le fait de supporter une équipe, un maillot, c’est presque divin. Le dieu, c’est ton club, avec ses codes, son écusson, son stade, ses règles… Ce n’est pas super éloigné d’un mouvement religieux : aller au stade, c’est un peu comme aller à la messe ! Vivement la prochaine ! »

HORS-JEU

Ce chapitre, ce sont les ovnis, les histoires de football et de musique qui n'entrent pas dans les autres cases. C'est le *bonus track* de l'album, la cerise sur le gâteau. Bref, je pense que vous avez compris où vous mettez les pieds ! Voici une sélection d'anecdotes que vous pourrez glisser avec malice à la machine à café au bureau. On vous trouvera alors « génial » avec vos histoires, mais n'en croyez pas un mot. Vos collègues veulent votre place, comme un gardien remplaçant qui n'attend qu'une chose : que le titulaire commette une inexcusable boulette.

Steven Gerrard

Nous sommes en décembre 2008, au *Lounge Inn*, une boîte de nuit branchée de Southport, au nord de Liverpool. Dehors, il fait un froid de canard, mais dans le club, c'est chaud comme jamais. Il faut dire que ce soir, Steven Gerrard, capitaine star de Liverpool, est dans la place, et il est en grande forme. Il vient célébrer avec quelques amis son doublé lors de la victoire contre Newcastle, 5-1. Steven, trouvant que la soirée manque de Phil Collins, son idole, se dirige vers la cabine de Marcus McGee, le DJ, afin de lui demander de balancer un classique de Phil pour danser, genre « Sussudio » ou « Easy Lover ». Mais le DJ, beaucoup moins fan de l'ex-Genesis que le capitaine des Reds, refuse poliment la proposition de Steven Gerrard. C'est là que l'affaire se corse. Steven, à qui l'on ne refuse pas grand-chose habituellement, s'emporte. Une altercation a lieu entre Gerrard et le DJ du *Lounge Inn*. Les videurs s'en mêlent, les potes de Gerrard aussi, et la soirée vire au cauchemar, ambiance Bologne-OM 1999. Steven Gerrard est arrêté puis placé en garde à vue, et le DJ hospitalisé avec une dent cassée et le visage couvert de blessures.

On ne plaisante pas avec Phil Collins. Ce dernier, pourtant, ne s'est pas manifesté, malgré le retentissement énorme de la *news* dans la presse britannique. Il faut dire que Phil Collins n'est pas un grand fan de football. Petit, il soutenait Brentford car il habitait à côté du stade puis, ayant déménagé près de Londres, il a timidement encouragé Queens Park Rangers avant de supporter Tottenham pendant quelques années. Devenu ami avec Kenny Dalglish, il se découvre fan de Liverpool. Une vraie girouette, ce Phil, et une exception aussi car, en Angleterre, toute rock star qui se respecte doit avoir son club, un seul pour la vie.

FC Metal United

C'est dans le vestiaire que l'on voit si « le groupe vit bien », selon la formule consacrée. Quand la musique est bonne, le groupe est sur la bonne voie, mais lorsque le silence règne, la défaite n'est souvent pas bien loin.

On écoute majoritairement du rap dans les vestiaires de nos jours, mais il y a quelques récalcitrants, comme David De Gea, l'ancien gardien de Manchester United, fan de metal, qui ne s'est pas fait que des amis au sein du vestiaire mancunien. « Quand il met du heavy metal, certains regardent autour d'eux en pensant qu'on devrait peut-être sortir d'ici », a déclaré son camarade Ashley Young. Dingue de Slipknot et Metallica, De Gea est un métalleux passionné, mais il n'aura jamais réussi à convertir ses frérots de vestiaire. « Quand je mets ça dans le vestiaire, tout le monde se plaint ! » regrette-t-il encore.

Il aurait dû rejoindre Carles Puyol au Barça. Avant chaque match, Puyol, qui possède un vrai physique de batteur de groupe de metal, se chauffait au son de Cannibal Corpse et Napalm Death, dont on imagine aisément que les paroles ne traitent pas exactement des bienfaits de l'*Aloe vera* et de la bienveillance nécessaire à une vie épanouie. Au moins, Puyol avait un jeu à l'image de ses goûts musicaux : tranchant.

D'autres footballeurs, et pas les plus manchots, sont fans de musiques qui font saigner les oreilles. Au sein du FC Metal United, on trouve encore le Tchèque Tomás Rosicky, qui considère « Master of Puppets », le classique de thrash metal de Metallica, comme sa chanson préférée de tous les temps. Ses autres titres préférés ? « Everlong » des Foo Fighters, « Under the Bridge » des Red Hot Chili Peppers, « Dead Memories » de Slipknot et « Orion » de Metallica.

Le coach du FC Metal United pourrait être Jürgen Klopp, lui aussi métalleux jusqu'au bout des ongles, qui a déclaré en 2017, en évoquant la différence entre l'ancien manager d'Arsenal, Arsène Wenger, et lui : « Lui, il aime avoir le ballon, faire des passes. C'est comme un orchestre, mais c'est une chanson douce. Moi, j'aime plus le heavy metal. Je veux toujours que ce soit intense. »

Et le buteur de ce club de dingues aurait pour nom Claudio Caniggia, le *goleador* argentin. Coiffé comme un membre de Guns N' Roses, il aurait même participé à un concert du groupe

Poison dans le Wisconsin, en pleine Coupe du monde américaine, en 1994 ! Batteur pas maladroit, il a pris les commandes, baguettes en main, sur trois morceaux. Et Claudio ne transige pas avec sa passion pour le rock, ce qui lui a valu d'être exclu de la Coupe du monde 1998 car il a refusé de se couper les cheveux, comme le lui demandait expressément Daniel Passarella, grand joueur mais piètre chef de bande apparemment.

Je ne peux pas conclure cette page FC Metal United sans parler du GOAT du genre, Slaven Bilić. L'homme qui a fait expulser Laurent Blanc lors de la demi-finale France-Croatie en 1998 n'est pas seulement un bon comédien, il est aussi un excellent musicien. Guitariste au sein du groupe Rawbau, il a même réussi à imposer un titre de son groupe comme hymne croate de l'Euro 2008 alors qu'il était sélectionneur de l'équipe nationale !

BIXENTE LIZARAZU

Retrouver Bixente Lizarazu dans la partie « Hors-jeu », voilà qui n'a pas dû lui arriver très souvent, lui qui évoluait au poste d'arrière gauche, même s'il était très offensif. Le Basque bondissant est un

adepte de musique, et le metal n'a aucun secret pour lui. Il fallait bien qu'il nous en parle !

« Quel est ton premier souvenir musical ?

Les chants basques que l'on chantait avec les copains quand on sortait en soirée, il y en avait toujours pour nous accompagner.

La musique, tu l'as apprivoisée seul ?

Oui, mais les chants basques ont joué un rôle primordial dans mon éducation musicale. Dans les fêtes familiales ou avec les potes, il y a toujours des chants basques !

Quel est le premier disque que tu as acheté ?

Surement le 33 tours de Dire Straits “Brothers in Arms”. D'ailleurs, j'étais allé les voir en concert à Bordeaux. Pour moi, c'est mythique, encore aujourd'hui.

Tu joues d'un instrument ?

Oui, de la guitare *(rires)*. Mais je n'ai pas assez travaillé pour avoir un bon niveau. J'aimais beaucoup jouer de la guitare pour m'accompagner et chanter.

Tu as chanté avec les Enfoirés, aussi...

Oui deux, trois fois. Sinon, j'ai chanté pour des événements caritatifs. Je dirais que ma meilleure interprétation, c'est à un foot-concert à Lyon, je chantais avec Guillaume Canet et ma femme Claire Keim sur “Hallelujah” version Jeff Buckley.

Quel est ton titre idéal pour entrer sur la pelouse ?

“Enter Sandman” de Metallica ! Je suis très metal, et assez branché Metallica et AC/DC, et c'est vrai que l'intro de ce titre est super pour entrer dans un stade. J'aurais adoré jouer dans une équipe où on entre dans le stade avec ce titre, c'est une vraie entrée de gladiateurs. Je suis très sensible à ça, la musique m'inspire, j'aime vraiment le côté "gladiateurs qui pénètrent dans l'arène". Je pourrais citer aussi "Hells Bells" d'AC/DC, parfaite pour aller au combat. Généralement, pour entrer dans un stade, le metal, c'est idéal !

La musique d'entrée à Munich, quand tu jouais au Bayern, c'était quoi ?

Il y avait une musique qui passait tout le temps, une musique folklorique, ambiance fête tyrolienne. Le but n'était pas de nous mettre en transe, mais ce morceau m'a marqué, c'était plus pour faire chanter les gens, pour créer une osmose, un partage entre tous. C'est très différent de la musique qui te fait entrer sur le terrain pour te galvaniser. Mais si je devais choisir les deux titres que j'aimerais entendre pour entrer dans le stade, définitivement "Hells Bells" et "Enter Sandman" : l'une commence par les cloches et l'autre a une intro progressive, je m'imagine dans le tunnel qui mène à la pelouse, la musique monte peu à peu… et le spectacle commence !

Tu penses qu'un chant de stade peut changer le cours d'un match ?

Non, je ne pense pas. Il y a des chansons que j'identifie à des victoires, comme "I Will Survive", mais ce n'est pas ça qui nous a fait gagner la Coupe du monde ! Un titre peut transcender la foule, mais ce n'est pas ça qui te fera gagner. Je repense aussi au fameux Bordeaux-AC Milan (3-0), ce soir-là, je ne me souviens d'aucune musique particulière mais d'une ambiance électrique dans le stade.

J'étais speaker ce soir-là, je t'avoue que j'ai oublié la musique d'entrée. En revanche, l'ambiance était folle !

Oui, et l'entrée dans le stade était très particulière, la musique n'avait pas d'importance à ce moment-là, c'était différent, il y avait une atmosphère unique. Quoi qu'il en soit, quand tu es joueur, entrer sur la pelouse pour vivre un grand match, ça reste un moment hors du commun, c'est comme une prière, il y a quelque chose de rituel.

Tu parles de prière, de rituel. Il y a un rapport clair entre le football et le sacré ?

À Bilbao, le stade était surnommé “La Cathédrale”. On est complètement là-dedans, c'est sûr. Les gladiateurs, ce sont les dieux du stade. En revanche, on dit “jouer” au football, ça reste un jeu.

Tu as évoqué tout à l'heure “I Will Survive”. Quand tu l'entends, ça te fait plaisir ou ça t'agace ?

C'est par périodes, elle ne m'agace plus du tout en ce moment, mais à une époque, on l'entendait tout le temps ! Partout où j'allais, pour me faire plaisir, le patron du restaurant ou de l'hôtel passait la chanson ! Alors, je faisais un petit sourire, mais au fond de moi, j'en avais marre ! Aujourd'hui, quand je l'entends, ça me fait plaisir, ça me rappelle une époque très heureuse.

Quels parallèles fais-tu entre un footballeur et un artiste ?

Ça m'aurait vachement plu d'être guitariste de Metallica ou AC/DC et vivre les émotions qu'ils vivent, ça doit être dingue ! Nous aussi, dans le football, on doit performer, c'est différent dans le sens où, quand tu fais un concert, tu n'as pas d'adversaire. Pour les footballeurs, il y a une vraie confrontation mais demeure ce même rapport à la performance. Je connais bien Matthieu Chedid : en concert, il donne tout, comme un footballeur. C'est puissant, super physique.

Aujourd'hui, tu écoutes quoi ?

J'écoute beaucoup plus de musique depuis que je fais des vidéos de mes entraînements sur Instagram. Pour moi, c'est important de trouver de bonnes musiques qui correspondent bien à mon entraînement, donc j'écoute des classiques du rock ou autres, mais je suis aussi curieux de ce qui est nouveau.

Si tu étais une musique, laquelle serait-ce ?

Une chanson de Ben Harper pour le côté apaisé, en harmonie, et sa musicalité raconte cela, ça fait du bien d'entendre ce style de musique, mais je peux aussi adorer me sentir Metallica quand je fais du sport.

Quand tu commentes un match, c'est aussi une histoire de musicalité ?

Exactement, quand tu commentes en binôme, il faut que les deux instruments sonnent bien ensemble ou chacun leur tour, et le silence fait partie de la musique, il faut écouter l'ambiance, le public, il faut trouver la bonne musicalité.

"La Marseillaise", quand tu l'entends en tant que commentateur, tu sais que tu vas vivre des moments importants ?

Je l'ai vécue comme joueur, c'était énorme, c'est un partage avec les partenaires. "La Marseillaise" en finale de Coupe du monde contre le Brésil, c'était tellement puissant. J'ai aussi appris à aimer les hymnes d'autres pays, l'hymne italien, brésilien, ça me rappelle mes moments heureux de joueur, il m'arrive même d'écouter des hymnes nationaux hors des stades de foot !

Mais tu reviendras toujours à Metallica ?

Sans aucun doute. »

Alors que le FC Metal United pourrait difficilement disposer d'un effectif de plus de vingt-deux joueurs, le Racing Club du Rap n'aurait aucun mal à placer une équipe dans chaque division française.

Le rap est aujourd'hui la musique la plus jouée dans les vestiaires. Presnel Kimpembe, le DJ officiel de l'équipe de France, a évidemment sa playlist des sons les plus diffusés dans le vestiaire des Bleus, et c'est là qu'on prend conscience de la capacité de résilience de Didier Deschamps, qui préfère de loin Zazie à Koba LaD. Sur cette playlist, on retrouve DJ Babs, Moums, Le D, Carimi, Booba, Douk Saga, ça ressemble à des noms de nounours que l'on pourrait offrir à Noël à une enfant en bas âge, mais il s'agit bien de rappeurs, capables de *punchlines* plus corrosives que la pire vanne griffée Baffie (et les vampires). On approche de la fin de l'ouvrage, je me lâche donc.

Sur la « playlist à Presnel », l'artiste le plus présent reste Naza, qui a par ailleurs repris en 2022 le club de Durbuy en Belgique. Peut-être lui a-t-on vendu qu'il rachetait Dubaï et il a mal compris ? Durbuy évolue alors en D3 amateur et vient de traverser une période bien difficile sous la présidence de Tintin – je parle ici de Paul Tintin, l'ancien président de Durbuy, en poste avant que Naza n'en devienne donc le président. Mais Naza n'a pas fait décoller Durbuy, puisque le club de Durbuy n'est plus…

Ronaldhino, lui aussi, est président d'un club de foot. On l'imaginait plus facilement en grand sauveur de la franchise des Macumba de France, mais il a jeté son dévolu sur un modeste club de D3 américaine, le Triumph de Greenville. Il y a peu de chances que son club brille sur la scène internationale puisque, aux États-Unis, les ligues sont fermées, l'accession à la division supérieure ne pouvant se faire que si une place se libère dans la division supérieure. Difficile, donc, d'expliquer le choix du Ballon d'or 2005 d'investir dans Greenville. Mais pourquoi faudrait-il tout comprendre, finalement ?

À noter enfin, pour être complet, que le rappeur Heuss l'Enfoiré est président lui aussi, il dirige l'USM Marly, un petit club de la banlieue valenciennoise. Puisque l'on évoque Valenciennes et les présidents de club…

Bernard Tapy

Oui, on va l'écrire comme ça, car ce n'est pas du Tapie président dont il va être question ici, mais du Tapie chanteur… « Nanar » en a fait, des nanars en chansons, mais on ne peut pas lui enlever un truc, à Bernard : il avait du coffre (avec des biftons à l'intérieur) ! Et sa passion du football et de la musique, il l'a vécue à cent pour cent.

Tout commence en 1966. La France yéyé de Johnny et Sheila inspire Bernard qui veut devenir crooner. Ses premières tentatives musicales ont pour titre « Je ne crois plus les filles » – drôle de façon de se présenter au public – puis vient la chanson « Avait-il tort ? ». Bernard se dit-il alors qu'il s'est trompé en se mettant à la chanson ? Non, Bernard ne se trompe jamais. Il enchaîne donc avec « Le Retour », qui fait un four, puis il sort « Vite un verre » pour oublier ses quatre échecs successifs. Ensuite vient le titre que l'on retrouve en ouverture de la série Netflix consacrée à Nanar, « Passeport pour le soleil », un slogan parfait pour un encart pub du Club Med, mais comme titre de chanson, c'est raté. Ce titre est surtout une reprise de l'artiste américain Barry

Sandler, une chanson que l'on retrouve au générique du film *Les Bérets verts*, coréalisé par John Wayne.

Bernard Tapy – puisque c'est ainsi qu'il orthographie alors son nom, désireux de faire plus ricain sûrement – enchaîne les bides et les chansons. Tapy devient Tapie, et il faut attendre 1985 pour retrouver Nanar chanteur. Didier Barbelivien, toujours dans les bons coups, écrit « Réussir sa vie » pour un Bernard qui est précisément en train de la réussir. *Golden boy* au physique d'acteur américain, Bernard Tapie livre avec ce titre le manuel du savoir gagner, tel un Eckhart Tolle en plus bronzé et sapé comme jamais : « Réussir sa vie/ C'est croire en l'instant/ Où tout est magie/ Où tu es géant/ [...] Réussir sa vie/ C'est vivre au présent/ Mais d'avoir envie/ De vivre cent ans ». Cette chanson, sans être vraiment une réussite commerciale, prouve que Bernard a de la voix. Les anciens joueurs de l'OM peuvent en attester. Quand le président poussait la gueulante dans le vestiaire après un match raté, c'était pas du niveau sonore de Carla Bruni...

Des chansons avec du foot dedans, il en existe une ribambelle, comme je viens de vous le prouver tout au long de cet ouvrage, mais des chansons avec un ancien président de club et un rappeur azimuté qui chantent en duo, il n'en existe qu'une. Nous sommes en novembre 1998, la France black-blanc-beur est à son apogée dans un pays qui n'en finit pas de célébrer ses héros et où tout semble désormais possible. Et ça l'est. D'un côté, Bernard Tapie, ancien président de l'OM et ancien chanteur ; de l'autre, Doc Gynéco, rappeur fraîchement échappé du collectif Ministère A.M.E.R. Ensemble, ils vont interpréter « C'est beau la vie ». Tapie n'est pas rancunier, puisque la vie ne lui a pas fait de cadeaux en cette fin de siècle. Cramé dans le foot, hors-jeu en politique, passé par la case prison, Nanar en a bavé, mais qu'importe, c'est beau la vie. Le texte a quelques fulgurances, mais comme je suis d'humeur taquine, je vais plutôt mettre en lumière les *punchlines* les plus embarrassantes : « Arrête de compter en barrettes/ On te manipule la tête. » Sans oublier cet échange mythique. Doc Gynéco : « Alors, putain, dis-moi, ce match, on t'l'a vendu ? » Bernard Tapie : « Mais tu rigoles, j'les aime à Valenciennes. » NRJ Music Award du LOL !

Tapie, sur sa lancée, balance même lors d'une interview qu'il songe faire un duo avec IAM, ce qui, malheureusement, n'a pas pu se faire. Pourtant, on avait déjà le titre : « Je danse le milliard ». Quant à Doc Gynéco, auteur par ailleurs d'une excellente chanson sur le foot, « Passement de jambes », il ne retrouvera plus jamais le haut des charts après ce duo. En revanche, comme son ami Bernard, il sera condamné à de la prison (avec sursis) pour fraude fiscale. Elle est pas belle, la vie ?

« Ai, Se eu te Pego »

Nous avons vu au début de cet ouvrage que des tubes pouvaient, malgré eux, devenir des hymnes de stade ou que d'autres, comme « Ramenez la coupe à la maison », pouvaient exploser après avoir été « recommandés » par des joueurs.

La chanson « Ai, Se eu te Pego » est un cas très particulier, qui symbolise à merveille le pouvoir désormais sans limite des réseaux sociaux. C'est en septembre 2011 que débute ce conte de fées. Un jeune espoir du football brésilien, pas le dernier pour la déconne, est filmé dans le vestiaire de son club, Santos FC, en train d'effectuer une chorégraphie. Le jeune homme s'appelle Neymar, et sa vidéo va devenir un énorme buzz sur Internet. Arborant déjà sur la vidéo une coiffure d'un goût discutable, Neymar se déhanche au son d'un titre du chanteur brésilien Michel Teló. Ce dernier a eu la bonne idée de reprendre « Ai, Se eu te Pego », un titre de Os Meninos de Seu Zeh sorti trois ans auparavant. Mais Michel était loin d'imaginer ce qui l'attendait avec cette *cover*.

Cinq cents millions de vues plus tard, la vidéo de Neymar inspire d'autres footballeurs, à commencer par le plus suivi d'entre eux sur les réseaux sociaux : Cristiano Ronaldo. Le 22 octobre 2011, lors d'un match contre Malaga, il exécute la chorégraphie de Neymar avec Marcelo, sosie officiel de Fabrice Éboué. Ce qui était une *joke* devient un buzz mondial et, tel un virus, la chorégraphie de « Ai, Se eu te Pego » touche la planète entière. Sur toutes les pelouses du monde, on célèbre des buts avec cette chorégraphie. Adrian Mutu, Kevin-Prince Boateng, par ailleurs rappeur émérite, Robinho, Jean-Alain Boumsong, Éric Abidal et même Dani Alves, qui danse beaucoup moins désormais. « Ai, Se eu te Pego » se classe numéro un en France en 2011 et succède en tête des charts français à une autre fan de football. Enfin, elle en est revenue : Shakira.

L'amour foot

Il y aurait beaucoup à dire sur les histoires d'amour entre les artistes et les footballeurs. Des tonnes de rumeurs circulent sur telle légende du football qui aurait eu une relation avec telle chanteuse et lui aurait versé une grosse somme d'argent pour la faire avorter, sur tel joueur qui aurait pris pour maîtresse telle grande artiste américaine… Mais cela ne nous regarde – toujours – pas…

Parlons plutôt de ce que l'on sait, évoquons de belles histoires avec du *love* et du foot à l'intérieur. Les femmes de footballeurs ont souvent été moquées, jusqu'à ce que Victoria Beckham entre en jeu. Plus célèbre que son mari quand ils se rencontrent en 1997 lors d'un match Chelsea-Manchester United, elle charme immédiatement le jeune espoir du football anglais. En 2013, dans l'émission « 50' inside », David raconte : « Je suis très timide, alors je me suis présenté, et puis je suis reparti directement. J'étais déçu de ne pas lui avoir parlé plus, mais la semaine suivante, elle est revenue pour un autre match, ça a été ma chance, et puis j'ai eu son numéro. » Les premiers rendez-vous entre les deux tourtereaux restent secrets et ont lieu dans des… parkings. On ne tient pas à en savoir plus. La série documentaire Netflix a tout révélé ou presque de cette histoire d'amour qui dure depuis plus de deux décennies, et c'est beau…

Tout aussi mignonne, l'idylle entre le capitaine du PSG Marquinhos et la chanteuse brésilienne Carol Cabrino. En 2013, Carol participe au télécrochet brésilien « Jovens Talentos » et se révèle au grand public en interprétant un titre de Katy Perry, « Roar ». « Rooooar », c'est à peu près le cri qu'a dû pousser Marquinhos en découvrant Carol à la télé. Aussitôt, « Capitaine Marqui », tombé sous le charme de Carol, lui envoie un message sur Instagram. Et c'est ainsi qu'ils se rencontrent. En 2015, il fait sa demande en haut de la tour Eiffel, il se marient un an plus tard à Bahia et font trois enfants. Mais toujours pas de Champions League dans l'armoire à trophées…

Si la vie sentimentale de Marquinhos ressemble à un long fleuve tranquille, on ne peut pas en dire autant de Mesut Özil. Retraité depuis 2023, l'Allemand, champion du monde 2014 et ancien meneur de jeu d'Arsenal, a vécu une *love story* avec la chanteuse pop Mandy Capristo. Avec un nom pareil, vous ne serez pas surpris d'apprendre qu'elle traîne une réputation de femme de caractère. Aussi, lorsqu'elle a appris que son amoureux la trompait avec Melanie Rickinger, la compagne de Christian Lell, ancien défenseur du Bayern Munich, elle a mis fin à cette idylle aussi courte qu'intense. Ce scandale sexuel a fait la une des magazines people en Allemagne, ce qui n'a pas arrangé les affaires d'Özil, dont la réputation de fêtard obsédé par les femmes n'était déjà plus à faire. Lors de son passage au Real

Madrid (2010-2013), il a multiplié les frasques sexuelles, ce qui a déplu à son président Florentino Pérez qui a publiquement regretté que son meneur de jeu pense plus aux femmes qu'au football. Si la carrière d'Özil et son palmarès demeurent tout à fait respectables, il est probable qu'il aurait eu un rendement bien meilleur sur le terrain s'il n'avait pas été aussi volage en dehors.

Le plus grand scandale de l'histoire quand il s'agit d'évoquer les relations entre footballeurs et artistes reste l'idylle entre Shakira et Gerard Piqué. « Les histoires d'amour finissent mal, en général », chantaient les Rita Mitsouko, et celle-ci ne déroge pas à la règle. La relation entre le défenseur du Barça et la chanteuse colombienne a pris fin en juin 2022 après plus de dix ans d'amour ouf. Ils étaient l'un des couples les plus célèbres et glamour de la planète, et ils ont eu deux enfants ensemble, Milan et Sasha. Oui mais voilà, Piqué s'est fait… piquer. Infidèle, il est éjecté de la vie de Shakira qui, très en colère, va se servir de ses chansons pour faire passer des messages. En janvier 2023, elle a sorti le morceau « BZRP Music Sessions, Vol. 53 », dans lequel elle chante : « Je ne reviendrai plus avec toi, que tu me pleures ou me supplies/ J'ai compris que ce n'est pas ma faute si l'on te critique/ Je ne fais que de la musique, pardon si je t'éclabousse/ Tu m'as laissée comme voisine de la belle-mère/ Avec la presse à la porte et la dette au fisc. » La pauvre belle-mère qui n'avait rien demandé n'en est toujours pas revenue…

Mais concluons par l'amour le plus tragique, qui ferait un bon biopic du moment qu'on ne laisse pas Fabien Onteniente le réaliser, non que ses films *Trois Zéros* puis *Quatre Zéros* soient de piètre qualité, mais l'histoire qui suit mérite d'être traitée avec (Louis de) finesse. Un peu de gaudriole avant de vous narrer ce drame amoureux. Vous avez lu l'histoire de Jesse

James ? Comment il vécut, comment il est mort ? Ça vous a plu, vous en demandez encore ? Alors, écoutez l'histoire d'Elza Soares, légende de la musique brésilienne, et de Garrincha, l'un des plus grands joueurs de football brésiliens. 1962 : Elza, femme libre à la réputation de croqueuse d'hommes, est nommée marraine de la sélection brésilienne et accompagne l'équipe lors de la Coupe du monde que la Seleção va remporter. Elza a une idée en tête : séduire Pelé. Mais Garrincha va venir bouleverser son plan cœur. C'est après que la star du foot lui a offert un disque de Billie Holiday qu'elle finit par céder à ses avances. Les deux enfants des favelas tombent vite amoureux, mais il y a un mais. Mané Garrincha est marié et les Brésiliens ne vont pas du tout tolérer qu'Elza brise un couple. La chanteuse reçoit des menaces de mort, on tire sur sa maison, et Garrincha se met à boire pour couronner le tout. « Elza a un saxophone dans la gorge », disait Louis Armstrong en parlant de la voix de Soares. Mais sa gorge se serre de plus en plus au fil des années passées au côté de l'ailier droit le plus célèbre du football brésilien. Quand il a bu, il la bat, mais Elza ne part pas pour autant et reste fidèle à l'homme de sa vie. En 1964, les militaires prennent le pouvoir au Brésil et la dictature s'installe. Parce qu'elle a chanté contre le pouvoir en place, Elza doit quitter le pays. Garrincha la suit en Italie, où l'ex-gloire brésilienne ne trouve pas de club et met fin, dans l'indifférence générale, à sa carrière de footballeur. Treize ans plus tard, lassée de cet homme qui ne veut pas être heureux, Elza quitte Mané Garrincha, qui va plonger définitivement dans l'alcool. Comme des bouteilles à la mer, il multiplie les tentatives de suicide. Né atteint de polio, avec une colonne vertébrale déviée, des genoux déformés et une jambe de six centimètres plus courte que l'autre, on avait prédit à sa mère : « Votre fils ne marchera jamais. » Ce ne sont pourtant pas les jambes de Garrincha qui l'ont trahi, c'est la tête. Il meurt le 20 janvier 1983. Au Brésil, ses obsèques sont dignes de celles d'un chef d'État. Inconsolable, Elza Soares décédera jour pour jour trente-neuf ans plus tard. Ils s'étaient rencontrés un vendredi 13…

LE COUP DE SIFFLET FINAL

Le match est terminé, le concert fini. Le stade se vide peu à peu, et comme le chantait Johnny en 1985 dans « Le Chanteur abandonné », sur un texte de l'immense Michel Berger, « Y a des flight-cases qui traînent sur scène/ Et on démonte les projecteurs »...

Les artistes du soir retournent en loge ou au vestiaire. Ils « refont le match », regrettant de ne pas avoir toujours fait les bons choix durant leur prestation ou se félicitant au contraire après un concert ou un match particulièrement réussi. Mais un autre défi approche déjà pour ces champions, ces artistes. Il faudra être meilleur, encore et toujours, car l'ivresse des sommets ne tolère pas les talents tièdes.

Le public, lui aussi, revit sa soirée. En regagnant leur voiture ou les transports en commun, les spectateurs partagent leur ressenti, on vilipende tel joueur qui n'a pas assez « mouillé le maillot » ou l'on déplore que l'artiste n'ait pas joué ce titre génial qui fait pourtant partie de ses plus grands succès. Puis l'adrénaline redescend peu à peu, et l'on a hâte d'être au prochain match, au prochain concert. D'ailleurs, la date est déjà cochée dans notre agenda. En attendant, on se prendra pour Mbappé ou Bellingham sur *FIFA 25* (avec une B.O. de folie) ou on ira reprendre du Queen dans un karaoké, car finalement, *we are (all) the champions*, non ?

Qu'ils se nomment Elton John, Haaland, Billie Eilish ou Zidane, ces artistes du ballon rond, de la chanson, ces magiciens de légende que l'on applaudit à tout rompre sont des vecteurs d'émotions, des machines à rêves. Leurs refrains ou leurs exploits dans tous les stades du monde nous accompagneront jusqu'au bout. Mieux, ils nous survivront. Les légendes ne meurent jamais, c'est bien connu, bien que ceux et celles que nous aimons, parce qu'ils nous font vibrer tout au long de notre existence et nous rendent la vie meilleure, restent des humains, après tout.

« We are Human
After All
Much in common
After All »

« Human After All », Daft Punk

REMERCIEMENTS

Mille mercis – mais vraiment, pour le coup, il y en a mille (ou pas loin) – à :

The Beatles, Alain Giresse, Depeche Mode, Enzo Scifo, Kate Bush, Jean-Paul Bertrand-Demanes, Lou Reed, Kevin Keegan, Alain Bashung, Diego Maradona, Billie Eilish, Tame Impala, Yannick Stopyra, Sting, Zico, Fleetwood Mac, Marius Trésor, Valerie Dore, Michel Delpech, Michel Polnareff, Paolo Rossi, Michel Berger, Alain Souchon, Laurent Voulzy, Jean-Christophe Thouvenel, Francis Cabrel, Jean-Jacques Goldman, Richard Witschge, Pascal Obispo, Clément Ronin, Johan Cruyff, Calogero, Françoise Hardy, Didier Drogba, Étienne Daho, Jean Tigana, Serge Gainsbourg, Luka Modrić, Keren Ann, Lionel Messi, Benjamin Biolay, Vincent Delerm, Julien Clerc, Christophe, Michel Jonasz, Kevin De Bruyne, Zazie, Vanessa Paradis, Manuel Amoros, Frankie Knuckles, Inner City, José Touré, Farley « Jackmaster » Funk, Marshall Jefferson, Joe

Smooth, Ronaldinho, Hervé, London Grammar, Andrés Iniesta, Bryan Ferry, Mark Hollis, René Girard, Jim Kerr, Martin Fry, Neil Finn, Jean-Marc Ferreri, Nile Rodgers, Boy George, David Penberthy et Pierre-Yves Boussard, David Beckham, Katy Perry, Pauleta, Soul II Soul, Alison Moyet, Bernard Lacombe, HAIM, Glenn Frey, Don Henley, Billy Idol, Gérard Janvion, Bobby Kimball, Mathias Malzieu, N'Golo Kanté, Elton John, Robert Smith, France Gall, Trevor Horn, Tangerine Dream, Dragan Pantelić, Philippe Zdar, Magyd Cherfi, Kim Wilde, Anne Clark, Nitzer Ebb, Patrick Battiston, New Order, Christophe Dugarry, Curt Smith, Roland Orzabal, Michael Hutchence, Holly Johnson, Prince, Madonna, Michael Jackson, Kurt Cobain, Robyn, Donald Fagen, Cristiano Ronaldo, Walter Becker, Mick Hucknall, Richard Ashcroft, Luis Fernandez, Noel Gallagher, Liam Gallagher, Marco Tardelli, Sébastien Tellier, Christian Lopez, Joni Mitchell, Bernard Genghini, George Michael, Bixente Lizarazu, De La Soul, Crosby, David Ginola, Stills, Nash & Young, Paolo Maldini, Charles Aznavour, Yves Bigot, Zinédine Zidane, Frédéric Chopin, Thierry Henry, Wolfgang Amadeus Mozart, Ludwig van Beethoven, John Coltrane, The Beach Boys, Lifelike, Antoine Griezmann, Lord Esperanza, Pat Benatar, Chris Waddle, Cyndi Lauper, Andriy Chevtchenko, Eric B. & Rakim, Eric Clapton, Janis Joplin, Yoann Gourcuff, The Doors, Jane Birkin, Beth Gibbons, David Bowie, Dominique Dropsy, MGMT, XXXTentacion, Whitney Houston, Didier Six, Phoenix, John Barnes, IAM, NTM, Everything but the Girl, Lionel Ritchie, Stevie Wonder, Dennis Bergkamp, Gil Scott-Heron, Théophile Bonjour, Peter Kingsbery, Zlatan Ibrahimović, Sharleen Spiteri, Sophie B. Hawkins, Daryl Hall & John Oates, Mariah Carey, Ronaldo, Nina Simone, Yard Of Blondes, Bruno Bellone, ABBA, David Guetta, Bernd Schuster, Bob Sinclar, Deee-Lite, Red Hot Chili Peppers, Jet,

Lenny Kravitz, Michaël Youn, Drake, Robbie Williams, Chet Baker, Post Malone, Orelsan, Léonard Specht, Joe Dassin, Juliette Armanet, Fernando Chalana, Nicolas Blanquie, Alex Gopher, Orchestral Manoeuvres in the Dark, Destin, Philippe Vercruysse, Synapson, Walter Sobcek, Jean-François Coen, Lisa Loeb, Dominique Gau, Éric Cantona, Rock Steady Crew, Kyuss, The Weeknd, Rod Stewart, Meshell Ndegeocello, Sean Ono Lennon, Thierry Tusseau, Alanis Morissette, Marka, Marco van Basten, Harry Styles, Moby, Fauve, Jacques Brel, Sócrates, Jeanne Mas, Art School Girlfriend, MC Solaar, Michel Sardou, Christopher Cross, Kenny Dalglish, Elvis Presley, Gwen Stefani, Nelly Furtado, Bruno Mars, Zlatko et Zoran Vujović, Indochine, Stock Aitken Waterman, U2, Say Lou Lou, Quincy Jones, Sade, Catherine Ferry, Jean-Pierre Papin, Louis Bertignac, Ben Böhmer, Eurythmics, Cigarettes After Sex, Daniel Balavoine, Frank Sinatra, Jamiroquai, Antonín Dvorák, Éric Pécout, Johannes Brahms, Pet Shop Boys, Miki, Angèle, Trifon Ivanov.

Composition et mise en pages
Nord Compo à Villeneuve-d'Ascq